ナチュラル・クリーニング

汚れおとし大事典

All about Natural Cleaning

佐光紀子

ブロンズ新社

はじめに

『ナチュラル・クリーニング』を上梓して以来、雑誌や新聞で掃除特集のお手伝いをしたり、お掃除講座に呼んでいただいたりする機会をたくさんいただきました。掃除って、すごく基本的な家事なのに、実はやり方をしっかり習ったことのある人は、あまりいないのではないでしょうか。だから、私のお掃除講座に来てくださった方も、日頃疑問に思っていることが、いろいろな質問となって、浮上してくるのでしょう。

「カーペットもほうきで掃けませんか？」「茶殻は干してからまくんですか？」という掃除法についての質問もあれば、「重曹のかわりにベーキングパウダーでも大丈夫ですか？」といった材料の話まで、さまざまな内容の質問が寄せられます。

重曹やクエン酸などの使いなれない材料でお掃除するだけに、なかなか最初の一歩が踏みだせない……という方も多いように思います。

一方で、「実際にやってみると、案外かんたんでおもしろいわね」そういってくださる方が多いのも、ナチュラル・クリーニングの楽しいところでもあります。

以前、大阪に撮影に伺った時には、立派にカビがはびこるバスルームが待っていて、これが落ちないと東京に帰れないのか……と泣きたいような気分になりました。「とりあえずコレでこすってみてください」と重曹を恐る恐る渡した私に、トミーズのケンさんが見せてくれた「落ちたよ」というびっくり顔。

また、お掃除大好きというタレント、森三中の大島さんにも、「はまりますね〜」といっていただいたナチュラルクリーニング。

ムリでしょ、これをきれいにするのは……そう思っていた汚れが、重曹や石けんというシンプルな材料であっさり落ちるのは、それ自体も気分のいいものですが、汚れが落ちた時の、みなさんの驚いた顔やうれしそうな顔を見ると、その手軽さを、もっとみなさんに伝えたいと思ってしまいます。

そこで、今回はいろいろな現場や講座で経験させていただいたことを、できるだけ盛りこんで、600以上のレシピに集大成することにしました。どうしたら、この本を片手に、気軽にお掃除してもらえるか……どんなふうに並べれば、知りたいレシピがパッと出てくるか……いろいろ試してもらうにはどうすればいいか……あれやこれや頭を悩ませ、構成やレシピも見直して、やっとできた事典形式のレシピ集。

最初から読むのではなく、今、落としたい汚れを「もくじ」や「アイテム別素材別索引」でさがして、レシピを開き、まずはお掃除をはじめてみてください。

Let's start Natural Cleaning！

もくじ

はじめに ……………………… 2
もくじ ………………………… 4

ナチュラル・クリーニングの
ポイントと素材・道具

ナチュラル・クリーニングのポイント …… 12
安全で上手なお掃除のヒント ……… 13
●洗剤 …………………………… 14
重曹 ……………………… 14
クエン酸 ………………… 16
石けん …………………… 18
炭酸水 …………………… 19
お湯 ……………………… 20
●容器 …………………………… 21
スプレー容器 …………… 21
振りかけ容器 …………… 22
●ほこりをとる道具 …………… 23
ほうき …………………… 23
ちりとり ………………… 24
はたき …………………… 24
●汚れをとる道具 ……………… 25
布 ………………………… 25
スポンジ ………………… 27
この本で使われている言葉について …… 28

キッチン

●ガスレンジ …………………… 30
ガスレンジの天板とその周囲 …… 30
ガスレンジの受け皿 …… 30
五徳 ……………………… 31
IHコンロの天板とその周囲 …… 32
レンジ周辺の壁 ………… 32

●魚焼きグリル ………………… 33
魚焼きグリルの内側 …… 33
魚焼きグリルのガラス部分 …… 34
魚焼きグリルのトレイ … 34
魚焼きグリルの金網 …… 35
●換気扇 ………………………… 36
換気扇の羽根 …………… 36
換気扇のドラム ………… 37
換気扇(アルミ)のフィルター …… 37
換気扇(アルミ以外)のフィルター …… 38
換気扇のフード ………… 38
●シンク・キッチンカウンター … 39
水栓金具 ………………… 39
水栓金具の付け根 ……… 39
シンクの中 ……………… 40
排水口 …………………… 41
キッチンカウンター …… 41
●冷蔵庫 ………………………… 42
冷蔵庫の扉と外側 ……… 42
冷蔵庫の取っ手 ………… 43
冷蔵庫の庫内 …………… 43
冷蔵庫のパッキン ……… 44
冷蔵庫の中のにおい …… 44
冷蔵庫の底のトレイ …… 45
製氷機の給水タンク …… 46
●電子レンジ …………………… 48
電子レンジの外側 ……… 48
電子レンジの扉 ………… 48
電子レンジの庫内 ……… 49
電子レンジのトレイ …… 50
●炊飯器 ………………………… 51
炊飯器の外側 …………… 51
炊飯器の内側の枠 ……… 51

炊飯器のうち釜	52
炊飯器のうち釜のにおい	52
炊飯器の蒸気抜き	53
炊飯器の内ぶた	54

●電気ポット　　55
電気ポットの外側	55
電気ポットの内側	55
電気ポットのフィルター	56

●オーブントースター　　56
オーブントースターの外側	56
オーブントースターの扉	57
オーブントースターの内側(アルミ)	58
オーブントースターの内側(アルミ以外)	58
オーブントースターのトレイ(アルミ)	59
オーブントースターのトレイ(アルミ以外)	59

●コーヒーメーカー　　61
コーヒーメーカーの本体	61
コーヒーメーカーのポット	61
コーヒーメーカーのタンク	62
コーヒーメーカーのコード	62

●フードプロセッサー　　63
フードプロセッサーの本体	63
フードプロセッサーの刃	64
フードプロセッサーのガラス容器	65
フードプロセッサーのコード	65

●食器洗い機　　66
食器洗い機の外側	66
食器洗い機の庫内	67
排水ホースの外側	68
排水ホースの内側	68

●鍋　　69
ステンレスの鍋	69
ホーローの鍋	70
鉄の鍋	70
中華鍋	72
銅の鍋の内側(ステンレス)	74
銅の鍋の内側(錫引きまたは錫メッキ)	74
銅の鍋の外側	75
アルミの鍋	76
ガラスの鍋	77
ガラスの鍋ぶた	77
土鍋	78
カレーのあとの鍋(アルミ)	79
カレーのあとの鍋(アルミ以外)	80
油を使ったあとの鍋(アルミ)	81
油を使ったあとの鍋(アルミ以外)	82

●オイルポット　　82
オイルポット(アルミ)の内側	82
オイルポット(アルミ以外)の内側	83
オイルポット(アルミ)の外側	83
オイルポット(アルミ以外)の外側	84

●まな板・包丁　　85
木のまな板	85
プラスチックのまな板	85
包丁	86

●キッチン小物　　87
製氷皿	87
おろし器	87
すり鉢	88
水切りラック	89
ポンポンたわし	89
スポンジケース	90
急須	90
茶漉し	91
ざる	92
保存容器	93

もくじ

- ●食器 **93**
  - ガラスのコップ 93
  - 漆の食器 94
  - 陶器・コレールの食器 95
  - プラスチックの食器 96
- ●生ゴミのカゴ **97**
  - プラスチックの三角コーナー 97
  - ステンレスの三角コーナー 97
  - 銅の三角コーナー 98
  - プラスチックの排水口の生ゴミカゴ ... 99
  - ステンレスの排水口の生ゴミカゴ ... 99
  - 銅製の排水口の生ゴミカゴ 100
  - 生ゴミのにおい 101
- ●床 **102**
  - フローリングの床 102
  - レンジ周辺のフローリングの床 ... 102
  - コルクの床 103
  - レンジ周辺のコルクの床 104
  - ビニールタイル・塩ビシートの床 ... 104
  - レンジ周辺のビニールタイル・
    塩ビシートの床 105
- ●壁・天井 **105**
  - 木の壁 105
  - 壁紙 106
  - タイルの壁 107
  - タイルの壁の目地 107
  - 天井 108

リビング

- ●電話機 110
  - 電話機の本体・受話器 110
  - 電話機と受話器のコード 110
- ●インターホン **111**
  - インターホンの本体・受話器 ... 111
  - インターホンの受話器のコード ... 112
- ●ファンヒーター **112**
  - ファンヒーターの本体 112
  - ファンヒーターのフィルター ... 113
- ●エアコン **114**
  - エアコンのフィルター 114
  - エアコンの前面パネル 114
  - エアコンの集塵パネル 115
- ●除湿機 **117**
  - 除湿器の本体 117
  - 除湿機のフィルター 117
  - 除湿機のタンク 118
- ●テレビ **118**
  - テレビの本体 118
  - テレビのモニター 118
  - リモコン 119
- ●ビデオデッキ・DVDプレーヤー ... **120**
  - ビデオデッキの本体 120
  - ビデオデッキのヘッド 121
  - DVDプレーヤーの本体 121
  - DVDプレーヤーのレンズ 121
- ●テーブル **122**
  - 木のテーブル 122
  - プラスチックのテーブル 123
  - ガラスのテーブル 123
  - 石のテーブル 124
- ●イス **125**
  - 木のイス 125
  - プラスチックのイス 126
  - ビニールのイス 126
  - イスについたクレヨンの落書き ... 127

- ●ソファ ... **128**
  - 布のソファ ... 128
  - 合成皮革のソファ ... 129
  - 皮革のソファ ... 129
  - ソファの木製部分 ... 130
- ●収納 ... **131**
  - 木の棚 ... 131
  - ステンレスの棚 ... 132
  - スチールの棚 ... 132
  - 樹脂の棚 ... 133
- ●窓 ... **133**
  - ガラス窓（サッシの窓枠） ... 133
  - ガラス窓（木の窓枠） ... 134
  - 網戸 ... 135
- ●カーテン ... **136**
  - カーテンボックスと布のカーテン ... 136
  - カーテンレールと布のカーテン ... 136
  - レースのカーテン ... 137
  - タバコを吸う人のいる部屋のカーテン ... 137
- ●ブラインド ... **138**
  - プラスチックのブラインド ... 138
  - 木のブラインド ... 139
  - 布のブラインドやシェード ... 139
- ●照明 ... **140**
  - 和紙のシェード ... 140
  - 布のシェード ... 141
  - ガラスのシェード ... 142
  - プラスチックのシェード ... 142
  - 電気のひも ... 143
  - スイッチカバー・スイッチ ... 143
  - 電球 ... 144
- ●床 ... **145**
  - フローリングの床 ... 145
  - コルクの床 ... 146
  - カーペット ... 146
  - カーペットのダニ ... 147
  - ビニールタイルの床 ... 148
  - 床についたクレヨン ... 148
  - 床についたシール ... 149
  - 床についた嘔吐物 ... 149
  - カーペットについた嘔吐物 ... 149
- ●壁・天井 ... **150**
  - 木の壁 ... 150
  - 壁紙 ... 151
  - 壁についたシール ... 152
  - 壁についたクレヨン ... 152
  - 天井 ... 153
- ●リビングのにおい ... **154**
  - 嘔吐物のにおい ... 154
  - タバコのにおい ... 154
  - 灰皿のにおい ... 154
- ●ペットのにおい ... **155**
  - 犬のにおい ... 155
  - 猫のにおい ... 155

ダイニング

- ●テーブル ... **160**
  - 木のテーブル ... 160
  - プラスチックのテーブル ... 161
  - ガラスのテーブル ... 162
  - 石のテーブル ... 162
- ●イス ... **163**
  - 木のイス ... 163
  - プラスチックのイス ... 164
  - ビニールのイス ... 165

もくじ

- ●ベビーチェア ... **165**
  - 木のベビーチェア ... 165
  - プラスチックやビニールのベビーチェア ... 166
- ●収納 ... **167**
  - 食器棚 ... 167
  - 食器棚のガラス面 ... 167
- ●床 ... **168**
  - フローリングの床 ... 168
  - コルクの床 ... 169
  - カーペット ... 170
  - カーペットのダニ ... 170
  - ビニールタイルの床 ... 170
  - 床についた食べこぼしやこびりつき ... 171
  - 床についた嘔吐物 ... 172
  - カーペットについた嘔吐物 ... 172
  - 床についた生卵 ... 173
  - カーペットについた生卵 ... 173
  - カーペット（ウール）についた油 ... 174
  - カーペット（ナイロン）についた油 ... 175
  - カーペットについたソースやワイン ... 175
- ●壁・天井 ... **176**
  - 木の壁 ... 176
  - 壁紙 ... 177
  - 壁についた油 ... 177
  - 壁についたソースやワイン ... 178
  - 天井 ... 178

個室

- ●ベッド ... **180**
  - 木のベッド ... 180
  - スチールのベッド ... 180
  - ビニールや樹脂のベッド ... 181
  - マットレス ... 181
- ●収納 ... **182**
  - 木の棚 ... 182
  - ステンレスの棚 ... 182
  - スチールの棚 ... 183
  - 樹脂の棚 ... 183
- ●クロゼット ... **184**
  - クロゼット ... 184
  - クロゼットのにおい ... 185
  - クロゼットの湿気 ... 185
- ●押し入れ ... **186**
  - 押し入れ ... 186
  - 押し入れのにおい ... 187
  - 押し入れの湿気 ... 187
- ●机 ... **188**
  - 木の机 ... 188
  - プラスチックの机 ... 188
  - ガラスの机 ... 189
- ●イス ... **189**
  - 木のイス ... 189
  - プラスチックのイス ... 190
  - ビニールのイス ... 190
- ●パソコン ... **191**
  - パソコンの本体 ... 191
  - パソコンのモニター ... 191
  - パソコンのケーブル・コネクタ ... 192
  - パソコンのキーボード ... 192
  - ノートパソコン ... 193
- ●ドア ... **194**
  - 木の室内ドア ... 194
  - ガラスの室内ドア ... 195
  - ふすま ... 195
  - 障子 ... 195

- ●床 ··········· **196**
  - フローリングの床 ········· 196
  - コルクの床 ············· 197
  - カーペット ············· 198
  - カーペットのダニ ········· 198
  - 畳 ··················· 198
- ●壁・天井 ········· **199**
  - 木の壁 ················ 199
  - 壁紙 ·················· 200
  - 塗り壁 ················ 200
  - 天井 ·················· 201

バスルーム

- ●バスタブ ········· **204**
  - バスタブ ··············· 204
  - バスタブのふた ·········· 204
  - バスタブのコーキング ····· 205
- ●シャワー・水栓金具 **206**
  - シャワーヘッド ·········· 206
  - シャワーヘッドの散水板 ··· 206
  - シャワーホース ·········· 207
  - 水栓金具 ··············· 207
  - 水栓金具の付け根 ········ 208
- ●収納 ············ **208**
  - 収納ラック ············· 208
  - 収納ラックのカビ ········ 209
  - 収納ラックのもらいサビ ··· 209
  - 鏡 ···················· 210
- ●バス小物 ········ **211**
  - 洗面器・手桶・お風呂のイス ··· 211
  - シャンプーボトル ········ 211
  - お風呂用おもちゃ ········ 212

- ●床 ··········· **213**
  - タイルの床 ············· 213
  - タイルの目地 ··········· 214
  - タイルのカビ ··········· 214
  - タイルの目地のカビ ······ 215
  - 樹脂の床 ··············· 216
  - 排水口 ················· 217
- ●壁・天井 ········· **218**
  - タイルの壁 ············· 218
  - タイルの目地 ··········· 218
  - 樹脂の壁 ··············· 219
  - 樹脂の天井 ············· 219
  - 樹脂の天井のカビ ········ 220
- ●ドア ············ **220**
  - バスルームのドア ········ 220
  - バスルームのドアの桟（アルミ）····· 221
  - バスルームのドアの桟（アルミ以外）··· 221

洗面所

- ●洗面台 ·········· **224**
  - 洗面ボウル ············· 224
  - 水栓金具 ··············· 224
  - 水栓金具の付け根 ········ 225
  - 鏡 ···················· 225
  - 排水口 ················· 226
- ●洗面所の小物 ····· **227**
  - 歯ブラシスタンド ········ 227
  - 石けんトレイ ··········· 228
- ●洗濯機 ·········· **229**
  - 洗濯機の外側・ふた ······ 229
  - 洗剤投入ケース ·········· 229
  - 洗濯槽の排水ホースの内側 ··· 230
  - 防水板 ················· 230

もくじ

洗濯機の給水口 ･･････････････ 231
- ●**ドラム式洗濯機** **232**
  - ドラム式洗濯機の外側・ふた ･･ 232
  - ドラム式洗濯機のカビ予防 ･････ 233
- ●**衣類乾燥機** **233**
  - 衣類乾燥機の外側 ････････････ 233
  - 衣類乾燥機のフィルター ･･･････ 234

トイレ

- ●**洋式トイレ** **236**
  - 便器の内側 ･･･････････････････ 236
  - 便器の外側 ･･･････････････････ 237
  - 便器の付け根 ･････････････････ 237
  - 便座 ･････････････････････････ 238
  - 便器のふた ･･･････････････････ 240
  - 洗浄機能付便座のノズル ･･･････ 240
- ●**和式トイレ** **241**
  - 便器の内側 ･･･････････････････ 241
  - 便器の外側 ･･･････････････････ 241
  - 便器周辺の床 ･････････････････ 242
- ●**トイレタンク・手洗い鉢** **243**
  - トイレタンク ･････････････････ 243
  - 手洗い鉢 ･････････････････････ 243
  - 水栓金具 ･････････････････････ 244
  - 水栓金具の付け根 ･････････････ 244
- ●**トイレ小物** **245**
  - トイレブラシ ･････････････････ 245
  - エチケットボックス ･･･････････ 246
- ●**床** **246**
  - フローリング・Pタイルの床 ････ 246
  - タイルの床 ･･･････････････････ 247
- ●**壁・天井** **248**
  - 木の壁 ･･･････････････････････ 248
  - 壁紙 ･････････････････････････ 248
  - タイルの壁 ･･･････････････････ 249
  - 天井 ･････････････････････････ 249
- ●**トイレのにおい** **250**
  - トイレのこもったにおい ･･･････ 250
  - おしっこくささ ･･･････････････ 250
  - トイレ使用直後のにおい ･･･････ 251
- ●**おむつのにおい** **251**
  - おむつバケツのにおい(布おむつ)･･･ 251
  - おむつバケツのにおい(紙おむつ)･･･ 252

玄関まわり

- ●**シューズボックス** **254**
  - シューズボックスの本体 ･･･････ 254
  - シューズボックスのにおい ･････ 254
- ●**ドア** **255**
  - 木の玄関ドア ･････････････････ 255
  - サッシ・樹脂の玄関ドア ･･･････ 256
- ●**床** **257**
  - 石・タイル・コンクリートの床 ･･ 257
  - ビニールタイルの床 ･･･････････ 258
- ●**壁・天井** **259**
  - 木の壁 ･･･････････････････････ 259
  - 壁紙 ･････････････････････････ 260
  - 天井 ･････････････････････････ 261
- ●**階段・門扉** **261**
  - 木の階段 ･････････････････････ 261
  - ジュータンを敷いた階段 ･･･････ 262
  - 門扉 ･････････････････････････ 263

おわりに ･･････････････････････ 264
アイテム別・素材別索引 ････････ 266
参考文献 ･･････････････････････ 269

ナチュラル・クリーニングのポイントと素材・道具

ナチュラル・クリーニングのポイント

1 食材をクリーナーに

「洗剤で掃除をしたあと、ちゃんと洗剤は落ちているのかと不安になることがあります。洗剤が落ちているかどうかって確認する方法はありますか？」掃除の講座でそんな質問を受けたことがあります。残念ながら、洗剤が落ちているかどうか、目で見ただけでは判断がつきません。「落ちているだろうと信じる」しかないのが現状ではないでしょうか。

落ちていないかもしれないと不安に思いながらお掃除するくらいなら、万が一きちんと落ちていなくても心配のないクリーナー、重曹とクエン酸や酢でお掃除してしまいましょう。

2 水を使わずドライに洗浄

欧米のおばあちゃんの知恵だった重曹や酢を使うナチュラル・クリーニング。水を大切にする国々で生まれたせいか、あまり水ですすがずに掃除できるのがメリットです。水を使わずに掃除ができるのは、実はとてもラクチンです。

たとえば網戸は、汚れの気になる１枚だけを、それも外さずに洗えたら、どんなにラクでしょう。買った当初は、扉をあけなくても焼き加減が見えたオーブントースターも、洗えないために扉をあけないと焼け具合が確認できなくなっていませんか。この扉も、ドライに掃除する方法が見つかれば、中身の見える状態に戻せます。

ナチュラル・クリーニングなら、重曹や石けんを酢やクエン酸で中和させることで、ドライな掃除が可能です。水で流せるものは、水ですすいでも大丈夫。でも、水ですすぐことができない場所も、きれいにお掃除できるのです。

3 迷ったら重曹

『ナチュラル・クリーニング』の中で私は、「汚れは大きく酸性の汚れとアルカリ性の汚れに分けられます。そして、酸性の汚れにはアルカリ性のクリーナー、つまり重曹か石けんを、アルカリ性の汚れには酸性の酢かクエン酸をかけて汚れを落とします」と書きました。

「汚れが酸性かアルカリ性か見極めるのがお掃除のポイント」という説明は明解で、多くの人が納得してくれましたが、同時に、新たな疑問ももち上がりました。それが、「酸性かアルカリ性かわからない汚れはどうするの？」というものです。

確かに日々の掃除では、判断に迷うものが出てきても不思議はありません。そこで最近は「尿やカルキのように明らかにアルカリの汚れという場合は別ですが、迷ったらまず重曹をかけてく

ださい」とお話ししています。

重曹には酸性の汚れを落とすだけでなく、クレンザー効果があります。家の汚れの中心である油・皮脂汚れに加えて、こびりつきまで落とすためには、汚れにはまず重曹をかけてみれば、汚れがとれる確率は高くなります。

4　酢・クエン酸は慎重に

建材には、酸に弱いものがあります。たとえば、タイルの目地は、セメントでできているので、アルカリ性です。床材の大理石や鉄も、酸が苦手です。また、液体なので、生木にかけるとシミになることもあります。

プラスチックやステンレスなど、かけても問題がないとわかっているもの以外にかける時は、まず目立たないところで試します。

また、塩素などを含む市販の洗剤にクエン酸や酢をまぜると、有毒ガスを発生する場合があります。絶対に市販の洗剤とはまぜないでください。

口に入れても安心、調味料として長い歴史はあっても、組みあわせによっては、思わぬ反応を引きおこすことがある酢やクエン酸。使う時は、これにかけて大丈夫かしらと、素材を意識してください。

安全で上手なお掃除のヒント

1　電源は切りましょう

家電製品をお手入れする時は、事前に電源を切る習慣をつけましょう。

2　柔らかいスポンジを使います

プラスチックにキズをつけない重曹を使っても、スポンジが固ければキズがつきます。スポンジは柔らかいものを使います。

3　勝手にまぜないで

市販の洗剤と重曹やクエン酸をまぜると、洗浄力が落ちたり、有毒ガスが発生することがあります。クエン酸と重曹も特定の目的以外でまぜると、お互いの洗浄力を落とすことになります。

4　掃除は上から下へ

掃除は目立つところから手をつけがちですが、これは賢い方法とはいえません。掃除は上から下へが基本です。床の前にテーブルをお掃除。カーテンの前にカーテンレールをお手入れします。

5　乾いた汚れは乾いたまま落とす

拭き掃除というと、ぬれたもので汚れをこすり落とすことを考えがちですが、実際には、その前段階で乾拭きをしておくことをオススメします。汚れを落とす手間が大きく軽減されます。

重曹

クエン酸

石けん

炭酸水

お湯

スプレー容器

振りかけ容器

ほうき

▼

肌にやさしくエコな粉

パンやクッキーを焼く材料として広く普及している重曹は、アメリカではキッチンの必需品。日本でも黒豆を煮たり、あく抜きに使ったりと、古くからおなじみの素材です。その重曹は、お掃除に適したさまざまなパワーをもっています。

また、重曹が溶けた重曹泉という温泉は、血行がよくなり、美肌にも効果的といわれています。肌への作用が穏やかなので、赤ちゃんに使うのも安心です。

重曹そのものはアルカリ性の粉ですが、酸とアルカリの両方を中性に近づける働きがあります。これは「緩衝作用（かんしょうよう）」と呼ばれるもので、この緩衝作用のおかげで、重曹は、川に流しても水のpHを傾かせませんし、地面にまいても土壌の性質に悪影響を及ぼしません。そういう意味で、とてもエコロジカルな物質なのです。

優れモノのクレンザー

重曹には、研磨剤として汚れをこすり落とす働きがあります。たいていの汚れより固く、プラスチックより柔らかい重曹は、本体にキズをつけずに汚れをこすり落とせるので、柔らかい素材についた汚れを落とすのに大活躍。たとえば、市販のクレンザーではキズがついてしまうために使えないプラスチック類も、重曹なら問題ありません。

油汚れに重曹

重曹には、油を吸いこみ、ベトつきを落とす性質があります。

皮脂も脂の一種だと考えると、重曹泉であかが落ち、ひと皮むけたような美しさになるといわれるのも、うなずけます。

油汚れを落とす市販の洗剤の多くは泡が立ちますが、重曹は泡が立ちません。泡が立たないので、つい使いすぎてしまうことがありますが、少量でもかなりパワフルに働くので、小さじ1/2程度を振りかけることからはじめます。

バツグンの消臭効果

多くの消臭剤は、悪臭に別のにおいをかぶせてにおいを感じなくさせる方法をとっています。においをかぶせると、すぐに効いたような気がしますが、根本的に悪臭を吸いとっているわけではありません。

一方重曹は、体のにおいや汗、嘔吐

物に含まれる胃液といった酸性のにおいや、尿や魚の青臭さといったアルカリ性のにおいを、緩衝作用で中性に近づけて消します。

重曹が空気と接している部分が広いほど、消臭効果は高くなります。消臭に使う重曹は、3カ月を目安にとりかえます。

ベーキングパウダーとは別物

「重曹って膨らし粉のことですよね」そう念を押す人の何割かは、まちがえてベーキングパウダーを買ってしまうようです。重曹はベーキングパウダー（BP）の原料の一種ではありますが、ベーキングソーダ（BS）といって、ベーキングパウダーそのものではありません。つまり、ベーキングパウダーでは、クレンザーにもならなければ、油汚れを落とすこともできないので、注意してください。

重曹の種類

現在市販されている重曹には、3つの種類があります。薬として薬局やドラッグストアが扱っている日本薬局方のもの。食品売り場などで手に入る食品添加物。そして、掃除用として売られている工業用です。

工業用の重曹には「口に入れたり、入浴剤として使ったりしないでください」と記載されています。

重曹としての機能は基本的に変わりませんが、管理状態や精製の度合いによって種類が変わってきます。

万が一、口に入っても心配のないものを、入浴など肌についても問題のないものを、と考えると、日本薬局方のものか、食品添加物として販売されているものがオススメです。

また、購入の際には、分封のものより大きな袋入りのもののほうが割安で、ゴミも出ず、便利です。

入手法

薬としての重曹は、ドラッグストアや薬局で手に入れることができます。食品添加物や掃除用の重曹は、スーパーや生協、通信販売などで手に入れることができます。

保存方法

湿気を吸いやすいので、高温多湿の場所を避け、密閉容器に入れて保存します。固まってしまったら、手でくずすか、菜箸でつついてもとにもどします。

使い方

振りかけ容器に入れて、汚れに振りかけます。単独で使ったり、あらかじめ石けんで汚れを浮かせたところに振りかけたりします。

消臭には、口が広くて浅い容器に入れて使います。

こんなものには要注意

重曹をアルミニウムにかけると酸化して黒ずんでしまうので、気をつけてください。また、生木なども黒ずませてしまうことがあります。
必ず目立たないところに少量つけて、問題がないことを確認してから使います。

クエン酸

静菌効果のある調味料

クエン酸は、レモンや梅干しのすっぱさの素ですから、口に入れると、さすような強い酸味があります。雑菌の繁殖をおさえる静菌効果があるので、今のように消毒液のなかった時代には、傷口の消毒に使われてきましたし、最近では、O-157の予防に、クエン酸でまな板を洗うとよいという話を聞きます。
また、食中毒の原因となるサルモネラ菌の繁殖をおさえる効果があるので、市販のお総菜に、調味料兼殺菌剤として使われています。

手軽な酢と無臭のクエン酸

酢も、クエン酸同様の働きがあります。酢はたいがいの家にあるので、まずはちょっと試してみようという人には、酢のほうが手軽でしょう。ただし、酢には独特の強いにおいがあります。「酢のにおいが苦手」という方には、無臭のクエン酸がオススメです。

水まわりのクリーナー

水まわりの白っぽい汚れは、水あかやカルキなど、水道水に含まれるカルシウム分などが積みかさなってできたアルカリ性の汚れです。また、石けんやシャンプーなどの洗剤類もアルカリ性ですから、石けんカスや溶けた洗剤類がこびりついて蛇口をくすませたりするのも、やはりアルカリ性の汚れです。この手のものは、クエン酸で落とすことができます。

消臭に効果

静菌効果があるので、雑菌が原因の腐敗臭などにスプレーすると、においがおさえられます。また、尿のにおいのもとでもあるアンモニアもアルカリ性なので、尿のにおいを消す効果もあります。

リンス効果

酸性のクエン酸は、弱アルカリ性の石けんや重曹を中和する働きがあります。そこで重曹や石けんを使った掃除の仕上げには、クエン酸を水で溶かしたクエン酸水をスプレーすると、水で

すすいだ時のように、すっきりと仕上がります。

また、洗濯でも石けんで洗ったものは、それだけではどうしてもゴワゴワした感じが残るので、最後のすすぎにクエン酸を入れると、繊維の中に残っていたアルカリ分が中和され、洗濯物をふんわり仕上げることができます。

重曹や石けんを中和する効果があるので、いくつかの例外をのぞいては、クエン酸を重曹や石けんにまぜて使うことはありません。まぜると、それぞれのパワーが十分に発揮できません。

クエン酸の種類

現在市販されているクエン酸には、3つの種類があります。薬として薬局やドラッグストアが扱っている日本薬局方のもの。食品売り場などで手に入る食品添加物。そして、掃除用として売られている工業用です。

工業用の重曹には「口に入れたり、入浴剤として使ったりしないでください」と記載されています。

クエン酸としての機能は、基本的に変わりません。管理状態や精製の度合いによって、種類が変わってきます。

万が一、口に入っても心配のないものを、肌についても問題のないものを、と考えると、日本薬局方のものか、食品添加物として販売されているものがオススメです。

入手法

薬としてのクエン酸は、ドラッグストアや薬局で手に入れることができます。食品添加物や工業用のクエン酸は、スーパーや生協、通信販売などで手に入れることができます。

保存方法

顆粒状のクエン酸は、プラスチック容器か袋に入った状態で販売されています。プラスチック容器に入っているものはそのまま、袋入りは開封後ふたの閉まる容器に移しかえて、冷暗所に保存します。

使い方

多くの場合、クエン酸は、小さじすり切り1を水200ccで溶かして「クエン酸水」として使います。スプレー容器に入れて、汚れに吹きつけると便利です。濃いクエン酸水はベトつくので、気になる場合は、水拭きをして仕上げます。

直射日光を避けて保管し、1カ月を目安に使いきるようにします。

顆粒のまま使う時は、振りかけ容器が便利です。

クエン酸のかわりに酢を使う場合は、酢100ccを水100ccで薄めます。掃除に使えるのは、米酢やリンゴ酢などの「食物酢」。ポン酢、寿司酢などの「調味酢」は、砂糖などの調味料が含まれているので使えません。

洗剤

容器

ほこりをとる道具

汚れをとる道具

こんなものには要注意

クエン酸は鉄につけるとサビますし、テラコッタやセメント、大理石などにはカルキの主成分でもあるカルシウムやカリウムが含まれているため、変色や傷みの原因になることがあるので、注意してください。

また、市販の洗剤とまぜて使うと、有毒ガスが発生することもあるので、併用は絶対に避けてください。

石けん

汚れをはがれやすく

石けんには、水に溶けにくい油を包みこんで、水に溶けやすくしたり、汚れをはがれやすくするパワーがあります。

重曹と仲良し

石けんと重曹は、どちらも弱アルカリ性。あわせて使うことで、汚れを落とす効果がパワーアップします。石けんだけでは足りない、手早く落としたいという時は、泡立てた石けんの上から重曹を振りかけて、ダブルパワーで洗います。

クエン酸で中和

ナチュラル・クリーニングで石けんを使うのは、クエン酸で中和されやすいからです。クエン酸を溶かした水をスプレーするだけで、泡が切れ、石けんが中和されるので、すすぎによけいな水を使わずにすみます。

手荒れ対策に石けん素地

石けんには、肌用、衣類用、食器用など、いろいろな種類があります。「肌用の石けんで掃除ができれば、手も荒れにくくて理想的だけど、洗浄力は今ひとつかも」と、以前は思っていました。でも試してみると、肌用の石けんでも十分きれいに掃除ができました。以来、私は洗濯には水に溶けやすい衣類用を、それ以外は肌用石けんを使っています。肌用石けんは「石けん素地」、それ以外のものは「純石けん」という表記を目安に選びます。

肌用石けんには香料の入っているものが多いのですが、通常の掃除には、特に支障はありません。ただし、においの気になるキッチンなどでは、無香料の石けんがオススメです。

即席クリームクレンザー

石けんには、固形、粉末、液体の3つのタイプがあります。どれがいいということはありません。強いていえば、液体は液状をキープするために、可溶化剤が使われているので、私は固形や

粉をよく使います。

どれも、よく泡立てて、上から重曹を少量振りかけると、クリームクレンザーがわりになりますので、油汚れや頑固なこびりつきを落とすにはもってこいです。

入手方法

固形のいわゆる「お風呂用」といわれる肌用石けんは、スーパーでもドラッグストアでも100円ショップでも手に入ります。

数年前まで、自然食品店や生協以外では手に入りにくかった液体石けんや粉末石けんも、最近ではスーパーやドラッグストアでも見かけるようになりました。

保存方法

湿気を吸いやすいので、粉石けんは密閉容器に入れ、湿度の高い場所を避けて保管します。

使い方

よくぬらしたスポンジで泡立ててから使います。泡は汚れの再付着を防ぐ役割も果たしているので、泡立てに手を抜いてはいけません。

炭酸水

3つのglassに効果的

英語でglassと呼ばれるものは、3つあります。ガラス、鏡、そしてメガネです。炭酸水は、この3つのglassをきれいにするのにとても効果的です。用意するのは、糖分の入っていない炭酸水。ガス入りのミネラルウォーターも使えます。これを、スプレー容器に移しかえるだけで、即席ガラスクリーナーのできあがり。ガラスや鏡、メガネにスプレーして使います。

炭酸の効果

発泡性があるおかげで、乾きが早いのが、炭酸水の特徴です。酢や水でガラスや鏡を磨くと、汚れが白い筋となり、何度も乾拭きをしなければきれいに仕上がりません。ところが、炭酸水を使うと、白い筋はほとんどできません。スプレーしたあと、一度乾拭きをするだけで、作業は完了です。

安心・安全なクリーナー

市販のガラスや鏡専用のクリーナーは、スプレーしたあと、すすがずに乾拭きするのが基本です。ということは、拭いただけではとりきれないクリー

お湯

消毒の強い味方

「熱湯消毒」「煮沸消毒」という言葉があるように、熱湯は消毒の強い味方です。「熱湯は優れた殺菌効果があるうえに、冷めればただの水。だから薬品が残る心配がない、優れた消毒剤」とおっしゃるのは、特定医療法人慈泉会相澤病院外傷治療センター長の夏井睦先生です。同センターでは、消毒薬や消毒ガーゼを使わずにキズの治療をする「閉鎖療法」を実践しています。これは、消毒薬や消毒ガーゼに使われている成分で肌が荒れたり、かえってキズが治りにくくなることから考えだされた治療方法です。

消毒をするということは、ばい菌だけでなく、よい菌も殺してしまうということです。いろいろな菌を一気に殺せる消毒薬は、それなりに強いパワーがあります。過剰な消毒、殺菌は、免疫力をも落とすというデータも出てきているようなので、できれば、消毒薬の常用は避けたいと思いながら、日々暮らしています。

熱湯はやけどの危険性もありますから、赤ちゃんや小さい子どものそばでは、とり扱いに注意が必要です。けれども、消毒液の成分が残留する心配がないという安心感にはかえられません。寝具や衣服に残った消毒液で、肌が荒れる心配のない熱湯消毒なら安心ですし、無臭だという点でも、ありがたい消毒方法です。

汚れをゆるませる

多くの汚れ、特に油汚れは、熱湯や蒸気をあてると柔らかくなり、落ちやすくなります。汚れ物を煮洗いすると、すっきり洗いあがるのはそのためです。

キッチンまわりの掃除をするには、冬の早朝の寒い時間より、調理後のほうがラクなのは、調理中に出た湯気がまわりの汚れを柔らかくしてくれるためです。これを利用しない手はありません。特にキッチンまわりの掃除や消毒は、調理で使う熱湯や調理中に出た湯気を利用して、効果的に済ませたいものです。

スチームクリーナー

高圧で噴射した蒸気の力で汚れを柔らかくし、吹きとばすスチームクリーナーが、日本でも徐々に普及してきました。小ぶりで場所をとらないタイ

プも増え、価格的にもずいぶん手にとりやすい存在になってきました。

吹きつけたスチームの勢いと熱で、汚れを吹きとばすものですから、掃除機のように汚れを吸いとってくれるわけではありません。汚れを吹きとばしたら、すぐに仕上げ拭きをします。吹きだした蒸気は無臭ですし、冷めればただの水ですから、調理器具やキッチンに使っても、薬品が残る心配がありません。ダニが気になる畳やカーペットにも効果的ですし、高温の蒸気をあてられる素材なら、ソファにも使えます。

熱湯と熱いお湯

安全で効果的な熱湯ですが、日本の家庭で使う時は多少の配慮が必要です。というのも、日本の家庭の排水管の多くは、樹脂でできているからです。グラグラ煮立った熱湯をたくさん流して大丈夫なのかといわれると、多少不安が残ります。

そこで、本の中では熱湯のかわりに「熱いお湯」を使うようにしました。これは、給水口から出る一番熱いお湯という意味で、60～70℃くらいです。給湯器から出せる温度のお湯は、パイプメーカーとしても想定内のはずですから、トラブルは起こりにくいでしょうし、わざわざ火にかけてわかす手間もいりません。

クエン酸水や炭酸水は、日ごろからスプレー容器に入れて、あちこちにおいておくと便利です。薄くまんべんなく散布できるので、手早くお掃除ができます。

片手にスプレーを、もう一方の手には雑巾モップをもってお掃除すれば、四つんばいで雑巾がけをしなくてもすみます。

棚や窓辺においておくと、気軽に使えます。そのためには、おしゃれな容器を選びたいところ。園芸用品を扱っている雑貨屋さんに行くと、ガラスのスプレー容器を見かけます。スーパーの洗濯用品コーナーにあるアイロン用とはひと味違うおしゃれなものです。時間をかけてお気に入りのものを見つけだし、それを長く大事に使うのは、楽しいし、気分もいいものです。

ジュースのPETボトルにスプレーヘッドをつけて再利用したら、アリが集まってきたという話もあるので、PET

ボトルを再利用する場合は、よく洗って使用するか、無糖飲料のものにしましょう。

振りかけ容器

ぜひとも用意したいのが、重曹を入れる使い勝手のよい振りかけ容器です。パラパラと少量を振りかけられる容器に入っているのといないのでは、重曹の使い勝手はまったく違います。

私は、けちん坊なので、新しい容器を買うのはもったいないと、当初は使用済みのビンのふたにキリでいくつも穴をあけて、重曹を入れていました。けれども、湿気て固まりやすい重曹は、穴の裏側の突起にひっかかってすぐに目詰まりしてしまいます。もしも、手もちの容器を再利用するなら、大きめの穴があいている容器がよいでしょう。

雑誌などの撮影でスタイリストさんがもってきてくれるのは、銀色のふたにガラスのボディのおしゃれな粉チーズ容器です。最近は、アメリカサイズのクラフトの粉チーズを見かけます。とても大きなプラスチックの容器なので、家庭で粉チーズを使いきるには時間がかかりますが、行きつけのスパゲッティ屋さんがあれば、容器を分けてもらう手はあります。

また、アメリカの重曹メーカー「アーム＆ハンマー」の容器入り重曹も日本で手に入るようになりましたから、最初はそれを買ってみるのも一案です。

ほこりをとる道具

ほうき

昔ながらの和ぼうきが便利

日々の掃除に1本あると便利なのが、ほうきです。横長のブラシに柄のついた床用ブラシは、毛先の汚れをとるのが大変なので、今ひとつ。フロアモップも、使い捨ての紙を常備しておかなければならないことを考えると、少し面倒な気がします。

それなら、昔ながらのほうきを1本用意してはどうでしょう。

フローリングにはシュロのほうき、畳には江戸ぼうきがオススメです。ゴミもからまらず、紙の交換もなく、かんたん、ラクチン、安上がり。広いリビングを掃くのであれば、腰を曲げなくても掃ける120cm前後の長柄(ながえ)が便利。階段やトイレ、そしてリビングをちょこちょこ掃くには、60〜90cm前後の柄の短いものが重宝します。

奮発すれば、畳にもフローリングにも向いている、シュロの鬼毛(おにげ)という固い皮でできた優れモノなども出まわっています。

音なし、コンセントいらず

ほうきは掃除機のように音がしないのが、最大のメリットかもしれません。朝出かける前にちょこちょこと掃除をしたり、仕事を終えて帰宅してから気になるところだけ掃いたりと、いつでも気軽に使えます。マンションなど、階下への音に気を使わなければならない場合は特に、音なしのほうきはありがたいもの。

掃除機だと、途中までかけたところでコンセントが届かなくなって、いったん作業を停止したり、重い掃除機を片手に階段掃除をしたりしなければなりませんが、コンセントのないほうきなら、そうしたことも起こりません。いつでも、どこでも、どこまでも、自分の掃きたいように掃けるのが、ほうきのよいところです。

場所とらず

フックひとつでどこにでもかけられるのも、わが家のように狭い家では、メリット大です。収納場所を考えなくてもよいので、よく使うところにフックをつけてぶら下げておくことができます。これぞ、ちょこちょこ掃除の第一歩です。

ちりとり

理想のちりとりの条件は

ちりとりは、100円ショップで、かんたんに手に入りますが、床とちりとりのあいだにすきまができて、ゴミがきれいに入らない商品が多いような気がします。

また、ふたの閉まるしっかりしたものは重く、ゴミが奥のほうまで入ってしまうため、ゴミを捨てる時に捨てのこしに気がつかないというのが、うっかりものの私の悩みでした。

ゴミを掃きとるものですから、すきまからゴミが逃げないのは当たり前。そのうえ、重くなくて、かさばらず、ほうきと一緒によく使う場所にかけておけるものなら理想的です。が、そんなムシのよい品物はかんたんには見つかりません。

イチ押しは「はりみ」

すべての条件をクリアできるものを探しつづけて私がたどりついたのは、昔から新潟の農家でつくり続けられてきた「はりみ」という、和紙のちりとりです。柿渋が塗ってあるので、水にも強く、ぬれた茶殻を掃きとったくらいでは、まったく支障はありません。軽くて丈夫、見た目もおしゃれ。ふたがありませんから、捨てのこしも一目瞭然です。

あまりに便利なので、私がやっているネットショップ「シンプル家事.com」で紹介したところ、あっというまに売れ筋No.1になってしまいました。

こうした古くから受けつがれてきた優れた民具を、私は、うまく暮らしにとり入れていきたいと思っています。

はたき

1本はほしいはたき

今や絶滅の危機に瀕しているのではと思われるはたきですが、掃き掃除の前に、乾いたほこりはしっかり落としておきたいものです。そうでないと掃除をしているのか、ほこりを広げているのか、わからない状態になってしまいます。乾いた汚れを乾いた状態で落としておくと、掃除は格段にラクです。

毛ばたきや静電気とり

でも、はたきをかけるとほこりがたつから……とおっしゃる方には、車のボディに使う長い毛ばたきがオススメです。パタパタとはたくのではなく、水平に滑らせながらほこりを巻きこんで

いくと、スムーズに作業ができます。そこまで大げさなものはいらないという時は、静電気をとるための小さなはたきはどうでしょう。これなら、家電品などのプラスチックについたほこりも、網戸についたほこりも、気がついた時に、ちょこちょこと落とすことができます。こちらは100円ショップなどでも手に入ります。

音なしコンセントいらず
こちらもほうき同様、音なしのコンセントいらずですから、夜中でも、朝でも、気がついた時に、いつでも掃除ができます。

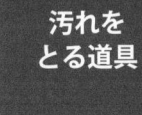

汚れをとる道具

布

ちょこちょこ掃除に便利
ふだんからたくさん布を用意しておくと、重宝します。気がついた時に、ちょこちょこ拭き掃除ができるからです。よく拭き掃除をする場所に、布をまとめておいておけば、ちょこちょこ掃除の頻度もアップ。でも汚れに気がついてから、布を探したり、あるいは古着を切って準備するところからはじめなければならないのでは、気がついたときにちょこちょこと、というわけにはいきません。時間のある時に、布をまとめて用意しておくことが、ちょこちょこ掃除の第一歩かもしれません。

ボロ布を活用
楽しく気分よく掃除をするという意味では、雑巾を使うのも一案ですが、汚れたら惜しげなく捨てられるので、私はいらない衣類などを切って再利用しています。
吸水性がよく、ほつれにくいという意

味では、Tシャツなどに使われている綿ジャージがオススメです。トレーナー類など、ほつれやすいものは、ピンキングバサミを使ってカットすると使い勝手がよいようです。掃除の時は、汚れをとるためのものと、仕上げ拭きのためのものを、1枚ずつ用意します。こうすれば、汚れた布で仕上げ拭きをして、かえって汚れてしまった……ということも起こりません。

私は、袖や首まわりなどの小さなボロ布と、胴などの大きなボロ布を別の箱にストックしています。小さな布はちょこちょこした日常の拭き掃除に使い、大きい布は雑巾モップにはさんで使っています。

クリーニングクロス

ボロ布や雑巾とは別に、1〜2枚あると便利なのが「クリーニングクロス」です。

ポリエステルの極細繊維からできた布で、もともとはメガネ拭きとして開発されたものですが、その後、グラスや鏡を拭いたり、乾拭きに使うなど、いろいろに使えることがわかったようで、最近では、鏡のくもりをすっきりしてくれるもの、手あかがスッキリ落ちるものなど、いろいろな種類のクロスが市販されています。あれこれと試しながら、お気に入りのものを見つけてみてください。

テレビやパソコンのモニター、ガラスや窓についた手あかは、まずはクリーニングクロスで拭いてみましょう。たいていの汚れは、それだけで落ちてしまいます。また、水分を一切使わないで汚れが落とせるので、クリーニングクロスは機械類の掃除にはとても重宝します。

食器や調理器具を拭く布は

ふだん私たちが着ている衣類などに使われる布には、白さを強調するために蛍光物質が使われていることがあります。蛍光物質は人体に有害だということで、日本では、食器や布巾、食品の包装容器やケーキの下に敷く紙類など、食品に直接ふれるものへの使用が禁止されています。蛍光物質が食品について体内に入らないようにするためです。ですから、布巾という用途でつくられたものや輸入されたものには、蛍光物質は使われていません。

けれども、使う側がハンカチやタオルを布巾がわりに使うと、そこには蛍光物質が入っていることもありますし、それで拭いた食器に蛍光物質がつかないとはいい切れません。そう考えると、食べものを扱う部分を掃除する時に使う布は、ほかの場所を掃除する時に使う布と、区別する必要が出てきます。ですから、食器や調理器具を拭く際の布は、蛍光物質の入っていないもの、または、「布巾」と明記されたものを使ってください。

スポンジ

アクリルたわしが便利

いろいろなスポンジを試してみましたが、水切れがよく、汚れがよく落ちるという意味で、長年愛用しているのが、アクリルたわしです。アクリルたわしは毛糸を編んでつくることもありますが、私は毛糸を指に巻きつけるだけでできる「ポンポンたわし」を使っています。編み物が好きではない私にとって、手間をかけずにかんたんにつくることができて、水切れもよいので、ポンポンたわしは、わが家では大活躍しています。

バスタブなど面積の広い場所を洗う時には、大きなスポンジを使うとラクです。

ウールよりアクリル

アクリルのほうがウールより水切れがよく、フェルト化しにくいので、ポンポンたわし用に毛糸を買う時は、アクリルにします。けれども、大掃除などで使い捨ててしまう時には、古いウールのセーター類があれば、袖や胴をピンキングバサミで切って、そのままたわしとして使ったりしています。

ポンポンたわしのつくり方

❶ 極太か超極太のアクリル毛糸を用意します。

❷ 親指以外の4本の指を大きく広げ、そこにアクリル毛糸を20～25回くらい巻きつけます。

❸ 指から❷を外して、中央を15cmくらいの長さに切った別糸でギュッと結び、反対側に糸をまわしてもう一度結びます。さらにもう一度反対側に糸をまわして結びます。

❹ 糸の両端を結んで、ひっかける輪をつくれば、できあがりです。

20～25回くらい巻きつける

▼

中央を別糸でしばる

▼

糸の両端を結ぶ

この本で使われている言葉について

○ ちょこちょこ掃除

汚れをためこまないために、日ごろからこまめにやっておきたい掃除の方法を書きました。毎日できれば理想的ですが、そこまでいかなくても週に数回できれば、汚れをためずにすむ掃除方法です。

● しっかり掃除

ちょこちょこやればいいのはわかっているけど、できなかった時、ちょこちょこだけでは汚れの落ちがいまひとつ！そんな時に試してほしいのがしっかり掃除です。汚れがたまってしまった時や大掃除むけのやり方です。

◆ 速攻掃除

こぼした！ くっついた！ という時の応急処置の掃除方法です。時間が経ってしまう前にお手入れしておくことで、汚れがこびりつかないようにします。

■ 定期便掃除

毎日ちょこちょこやるほどでもないけれど、定期的にこのくらいはやっておくといいという掃除の方法。1カ月に1度くらい、1シーズンに1度くらいといった頻度のおよその目安も入れました。

クエン酸水

水200ccにクエン酸小さじすりきり1を溶かしたものがクエン酸水です。クエン酸についてはP.16～18を参照してください。

塩酢

酢水に塩を加えることで、殺菌力をパワーアップさせたものが塩酢です。酢の専門家ミツカンで、水175ccに酢25cc、塩大さじ1/2を加えると効果的と教えてもらいました。ただ、この本の中では、私がふだん使っているクエン酸水200ccに塩大さじ1/2を加えたものも、便宜上、塩酢とよんでいます。塩酢についてはP.46を参照してください。

雑巾モップ

使い捨ての不織布などをはさんで床掃除に使う雑巾モップ。この本では、不織布のかわりにいらないTシャツなどを切った布を使います。

スチームクリーナー

高温のスチームを噴霧する掃除機。汚れを吸いこむことはできませんが、蒸気のパワーでこびりつきや油汚れを吹きとばします。高温のスチームはカビにも効果的です。

キッチン

キッチンの主な汚れは油汚れと食べもののこびりつきや焦げつき。油は冷えてかたまる前に重曹でお手入れするのが基本です。調理家電など水で洗いながせない汚れも多いので、クエン酸水で石けんや重曹を溶かし、水を使わないお掃除をマスターしたいものです。

サイドタブ（縦書き）: ガスレンジ / 魚焼きグリル / 換気扇 / シンク・キッチンカウンター / 冷蔵庫 / 電子レンジ / 炊飯器 / 電気ポット ▼

ガスレンジの天板とその周囲

○ ちょこちょこ掃除

重曹　クエン酸水　ポンポンたわし　布

❶　全体にうっすらと重曹を振りかけます。
❷　ポンポンたわしで汚れをこすり落とします。
❸　布で汚れを拭きとります。
❹　全体にクエン酸水をスプレーし、別の布で拭いて仕上げます。

● しっかり掃除

石けん　重曹　クエン酸水

ポンポンたわし　布

❶　石けんをつけて泡立てたポンポンたわしで、全体に石けんをぬります。
❷　汚れが柔らかくなり、浮きあがってきたら、うっすらと重曹を振りかけます。
❸　❶で汚れをこすり落とします。
❹　布で汚れを拭きとります。
❺　汚れが残っている場合は、❶〜❹をくり返します。
❻　全体にクエン酸水をスプレーし、別の布で拭いて仕上げます。

ガスレンジの受け皿

○ ちょこちょこ掃除

重曹　ポンポンたわし　布

❶　受け皿をとり出します。
❷　全体にうっすらと重曹を振りかけます。
❸　ポンポンたわしで汚れをこすり落とします。
❹　布で汚れを拭きとります。
❺　水ですすぎ、よく乾かして仕上げます。

● しっかり掃除

石けん　重曹　ポンポンたわし　布

❶ 受け皿をとり出します。
❷ 石けんをつけて泡立てたポンポンたわしで、全体に石けんをぬります。
❸ 汚れが柔らかくなり、浮きあがってきたら、うっすらと重曹を振りかけます。
❹ ❷で汚れをこすり落とします。
❺ 布で汚れを拭きとります。
❻ 汚れが残っている場合は、❷〜❺をくり返します。
❼ 水ですすぎ、よく乾かして仕上げます。

> **お掃除のヒント**
> 重曹や石けんを落とすには、クエン酸水で中和させる方法と、水ですすぐ方法があります。シンクまで移動できるものは水ですすぎ、移動できないものはクエン酸水をスプレー。私はそんなふうに考えて作業しています。

五徳

○ ちょこちょこ掃除

重曹　ポンポンたわし　布

❶ 五徳をとり外します。
❷ 全体にうっすらと重曹を振りかけます。
❸ ポンポンたわしで汚れをこすり落とします。
❹ 布で汚れを拭きとります。
❺ 水ですすぎ、よく乾かして仕上げます。

■ 定期便掃除 （1シーズンに1回）

水　　重曹　　鍋　ポンポンたわし

❶ 五徳をとり外します。
❷ 鍋に水をはり、五徳を沈めます。
❸ ❷に重曹を溶かし、火にかけます。重曹の量は、水1カップに対して重曹大さじ1が目安です。
❹ 沸騰したら火を止め、ひと晩おきます。
❺ 水ですすぎ、よく乾かして仕上げ

ます。

❻ 汚れが残っている場合は、重曹を振りかけ、ポンポンたわしで汚れをこすり落としてから、水ですすぎます。

IHコンロの天板とその周囲

○ ちょこちょこ掃除

重曹　クエン酸水　ポンポンたわし　布

❶ 全体にうっすらと重曹を振りかけます。
❷ ポンポンたわしで汚れをこすり落とします。
❸ 布で汚れを拭きとります。
❹ 全体にクエン酸水をスプレーし、別の布で拭いて仕上げます。

● しっかり掃除

石けん　重曹　クエン酸水

ポンポンたわし　布

❶ 石けんをつけて泡立てたポンポンたわしで、全体に石けんをぬります。
❷ 汚れが柔らかくなり、浮きあがってきたら、うっすらと重曹を振りかけます。
❸ ❶で汚れをこすり落とします。
❹ 布で汚れを拭きとります。
❺ 汚れが残っている場合は、❶〜❹をくり返します。
❻ 全体にクエン酸水をスプレーし、別の布で拭いて仕上げます。

> **ビニールラップでお掃除**
>
> 電力会社などはビニールラップでコンロのガラストップをお掃除しては…と提案しています。わざわざ新しいビニールラップでお掃除するのはもったいないけれど、スーパーで買ってきたお肉やお魚のビニールラップが手元にある時は、それでお掃除するとかんたん、ラクチン、安上がり、です。

レンジ周辺の壁

○ ちょこちょこ掃除

重曹　クエン酸水　ポンポンたわし　布

❶ 軽く水でぬらし、重曹を振りかけ

たポンポンたわしで、汚れをこすり落とします。

❷ 布で汚れを拭きとります。

❸ 汚れが残っている場合は、❶～❷をくり返します。

❹ 全体にクエン酸水をスプレーし、別の布で拭いて仕上げます。

● しっかり掃除

石けん　重曹　クエン酸水

ポンポンたわし　布

❶ 石けんをつけて泡立てたポンポンたわしで、全体に石けんをぬります。

❷ ❶のポンポンたわしに重曹をつけてなじませます。

❸ ❷で汚れをこすり落とします。

❹ 布で汚れを拭きとります。

❺ 汚れが残っている場合は、❶～❹をくり返します。

❻ 全体にクエン酸水をスプレーし、別の布で拭いて仕上げます。

魚焼きグリル

魚焼きグリルの内側

● しっかり掃除

石けん　重曹　クエン酸水

ポンポンたわし　布

❶ トレイをとり出します。

❷ 石けんをつけて泡立てたポンポンたわしで、全体に石けんをぬります。

❸ 汚れが柔らかくなり、浮きあがってきたら、うっすらと重曹を振りかけます。

❹ ❷で汚れをこすり落とします。

❺ 布で汚れを拭きとります。

❻ 汚れが残っている場合は、❷～❺をくり返します。

❼ クエン酸水をスプレーした別の布で、庫内をよく拭いて仕上げます。

 発熱帯などに触らないように、気をつけてください。

魚焼きグリルの
ガラス部分

○ ちょこちょこ掃除

重曹　ポンポンたわし　布

❶　魚焼きグリルをとり出します。
❷　軽く水でぬらし、重曹を振りかけたポンポンたわしで、汚れをこすり落とします。
❸　布で汚れを拭きとります。
❹　汚れが残っている場合は、❷～❸をくり返します。
❺　水ですすぎ、よく乾かして仕上げます。

● しっかり掃除

石けん　重曹　ポンポンたわし　布

❶　魚焼きグリルをとり出します。
❷　石けんをつけて泡立てたポンポンたわしで、全体に石けんをぬります。
❸　汚れが柔らかくなり、浮きあがってきたら、うっすらと重曹を振りかけます。
❹　❷で汚れをこすり落とします。
❺　布で汚れを拭きとります。
❻　汚れが残っている場合は、❷～❺をくり返します。
❼　水ですすぎ、よく乾かして仕上げます。

魚焼きグリルの
トレイ

○ ちょこちょこ掃除

重曹　ポンポンたわし　布

❶　油が固くならないうちに、金網をとり外します。
❷　全体にうっすらと重曹を振りかけます。
❸　ポンポンたわしで汚れをこすり落とします。
❹　布で汚れを拭きとります。
❺　汚れが残っている場合は、❷～❹をくり返します。
❻　水ですすぎ、よく乾かして仕上げます。

● しっかり掃除

石けん　重曹　ポンポンたわし　布

❶　油が固くならないうちに、金網をとり外します。
❷　石けんをつけて泡立てたポンポンたわしで、全体に石けんをぬります。
❸　汚れが柔らかくなり、浮きあがってきたら、うっすらと重曹を振りかけます。
❹　❷で汚れをこすり落とします。
❺　布で汚れを拭きとります。
❻　汚れが残っている場合は、❷～❺をくり返します。
❼　水ですすぎ、よく乾かして仕上げます。

トレイに重曹

魚を焼く時に、いつもより水を少なめにして、上から重曹を大さじ2～3を入れると、油が重曹にしみこみ、水をこぼす心配もなく、お手入れはとてもラクになります。
ただし、塩分制限をしている人には、この方法は使えません。重曹はナトリウムの一種ですから、トレイの重曹が蒸発して魚についてしまうと、ナトリウムを摂取することになってしまうからです。

魚焼きグリルの金網

○ ちょこちょこ掃除

重曹　ポンポンたわし　布

❶　油が固くならないうちに、金網をとり外します。
❷　軽く水でぬらし、重曹を振りかけたポンポンたわしで、汚れをこすり落とします。
❸　布で汚れを拭きとります。
❹　汚れが残っている場合は、❷～❸をくり返します。
❺　水ですすぎ、よく乾かして仕上げます。

● しっかり掃除

水　重曹　鍋　ポンポンたわし

❶　油が固くならないうちに、金網をとり外します。
❷　鍋に水をはり、金網を沈めます。
❸　❷に重曹を溶かし、火にかけます。重曹の量は、水1カップに対して重曹大さじ1が目安です。

サイドタブ（縦書き）: ガスレンジ｜魚焼きグリル｜換気扇｜シンク・キッチンカウンター｜冷蔵庫｜電子レンジ｜炊飯器｜電気ポット ▼

❹　沸騰したら火を止め、ひと晩おきます。
❺　汚れが残っている場合は、重曹を振りかけ、ポンポンたわしで汚れをこすり落とします。
❻　水ですすぎ、よく乾かして仕上げます。

お掃除のヒント
魚を焼く前に、皮の部分にクエン酸か酢をぬっておくと、魚が金網にこびりつくことがなくなるので、お掃除がラクチンです。万が一くっついてしまっても、フライ返しなどを使えば、型くずれせずにもち上げることができます。

Q　グリル内の掃除は、どれくらいの頻度ですればいいですか？

A　発熱帯などもあるので、グリル内は、基本的にはあまりさわらないほうがいい部分です。けれども、油の多い魚を何度か焼いていると、グリル内に飛びちった油で、火花が出るようなことが起こります。こうしたことが頻繁に起きるようになったら、一度グリル内を掃除します。

換気扇

換気扇の羽根

■ **定期便掃除**（半年に1回）

石けん　重曹　ポンポンたわし　布

❶　ファンが停止し、排気口付近の温度が十分下がってから、作業をします。
❷　カバーや羽根、フィルターなど、とり外せるものは外して、シンクに移動します。
❸　石けんをつけて泡立てたポンポンたわしで、全体に石けんをぬります。
❹　汚れが柔らかくなり、浮きあがってきたら、うっすらと重曹を振りかけます。
❺　❸で汚れをこすり落とします。
❻　布で汚れを拭きとります。
❼　汚れが残っている場合は、❸〜❻をくり返します。
❽　水ですすぎ、よく乾かして仕上げます。

換気扇の
ドラム

■ **定期便掃除**（半年～1年に1回）

石けん　重曹　ボディブラシ　布

❶　ファンが停止し、排気口付近の温度が十分下がってから、作業をします。
❷　換気扇を外します
❸　石けんをつけて泡立てたボディブラシで、全体に石けんをぬります。
❹　汚れが柔らかくなり、浮きあがってきたら、うっすらと重曹を振りかけたボディブラシで、汚れをこすり落とします。
❺　布で汚れを拭きとります。
❻　汚れが残っている場合は、❸～❺をくり返します。
❼　水ですすぎ、よく乾かして仕上げます。

> **お掃除のヒント**
> 長く掃除をしていなかった換気扇は、重曹大さじ1～2と石けん大さじ1を溶かしたものに1時間ほど浸けおきしてから洗うと、きれいになります。

換気扇の
（アルミ）
フィルター

● **しっかり掃除**

石けん　重曹　ポンポンたわし　布

❶　ファンが停止し、排気口付近の温度が十分下がってから、作業をします。
❷　フィルターを外し、作業台に移動します。
❸　石けんをつけて泡立てたポンポンたわしで、全体に石けんをぬります。
❹　汚れが柔らかくなり、浮きあがってきたら、うっすらと重曹を振りかけます。
❺　❸で汚れをこすり落とします。
❻　布で汚れを拭きとります。
❼　汚れが残っている場合は、❸～❻をくり返します。
❽　水ですすぎ、よく乾かして仕上げます。

> **お掃除のヒント**
> 細かいメッシュのフィルターは、ポンポンたわしだけでは汚れを十分にこすり落とせないことがあります。そんな時は、100円ショップなどに売っているボディブラシを使うのも一案です。

キッチン｜リビング｜ダイニング｜個室｜バスルーム｜洗面所｜トイレ｜玄関

換気扇の フィルター
（アルミ以外）

● しっかり掃除

小麦粉　石けん

ポンポンたわし　新聞紙　布

❶　ファンが停止し、排気口付近の温度が十分下がってから、作業をします。
❷　フィルターを外し、作業台に移動します。
❸　うっすらと小麦粉を振りかけ、油を吸わせます。
❹　ポンポンたわしで汚れをこすり落とし、新聞紙などにまとめて捨てます。
❺　石けんをつけて泡立てたポンポンたわしで、汚れをこすり落とします。
❻　布で汚れを拭きとります。
❼　汚れが残っている場合は、❸〜❻をくり返します。
❽　水ですすぎ、よく乾かして仕上げます。

換気扇の フード

● しっかり掃除

石けん　重曹　ポンポンたわし　布

❶　石けんをつけて泡立て、重曹を振りかけたポンポンたわしで、汚れをこすり落とします。
❷　布で汚れを拭きとります。
❸　汚れが残っている場合は、❶〜❷をくり返します。
❹　水ですすぎ、よく乾かして仕上げます。

Q　重曹でこすったら、塗料がとれてしまいました。どうしたらいいでしょうか？

A　年季の入ったレンジフードは、長年の油で、塗料が浮きあがっていることがあります。そこに重曹をかけてこすると、重曹のクレンザーパワーで、塗料がとれてしまうことも。古いレンジフードや、長い間油がついたまま放置してあって、塗料が浮きあがっている可能性のあるレンジフードは、力を入れてこすらずに、なでるように作業をしてください。

ガスレンジ｜魚焼きグリル｜換気扇｜シンク・キッチンカウンター｜冷蔵庫｜電子レンジ｜炊飯器｜電気ポット

シンク・キッチンカウンター

水栓金具

○ ちょこちょこ掃除

クエン酸水　布

❶ クエン酸水をスプレーします。
❷ 布で拭いて仕上げます。

● しっかり掃除

クエン酸水　キッチンペーパー

❶ 全体にキッチンペーパーを巻きつけます。
❷ ❶の上から、クエン酸水をスプレーします。
❸ 30分～2時間おきます。
❹ キッチンペーパーが乾いてきたら、再度クエン酸水をスプレーします。
❺ ❸のキッチンペーパーで、汚れをこすり落とします。
❻ 別のキッチンペーパーで拭いて仕上げます。

> **お掃除のヒント**
> 「トレシー」や「あっちこっちふきん」などの名称で出ているクリーニングクロス。薬剤がついていないので、安心して磨けます。最後にクリーニングクロスでひとこすりすると、ピカピカに仕上がります。

水栓金具の付け根

● しっかり掃除

クエン酸水　重曹

ポンポンたわし　歯ブラシ　布

❶ 水栓金具の付け根にクエン酸水をスプレーし、ポンポンたわしで汚れをこすり落とします。
❷ ポンポンたわしで届きにくい部分は、軽く水でぬらし、重曹をつけた歯ブラシで、汚れをこすり落とします。
❸ 布で汚れを拭きとります。
❹ 全体にクエン酸水をスプレーし、別の布で拭いて仕上げます。

水栓金具のカビ

カビがつきやすい水栓金具。放置しておくと付け根のあたりから、カビが広がってしまいます。水栓金具は表面が硬いので、カビは上にのっているような状態になり、根をはるところまでいかないので、重曹をつけた歯ブラシでこすると、かんたんに落とすことができます。カビは弱酸性を好むので、こすり落としたあとは、クエン酸水をスプレーせず、水をかけてすすいでしまうのも一案です。その際はお湯ではなく、カビが苦手な冷水を。

重曹は白いので、すすぎが不十分だと、乾いてから白い粉が浮きあがってくることがあります。せっかくきれいに仕上げたと思ったのに、白っぽくくすんでしまうのは悲しいので、すすぎは十分にしてください。

シンクの中

○ ちょこちょこ掃除

熱いお湯　ポンポンたわし

❶　シンクの壁に、熱いお湯をかけます。

❷　ポンポンたわしで汚れをこすり落とします。

❸　もう1度熱いお湯をかけて仕上げます。

お掃除のヒント

熱いお湯でお掃除！という時には、給湯器から出る熱いお湯を使っています。60～70℃くらいが目安です。また、食器洗い機を使っている場合は、すすぎの時に排出される熱いお湯を使います。ホースをもってまわしかけるだけで、きれいになります。

● しっかり掃除

重曹　クエン酸水　ポンポンたわし

❶　シンクの中の洗い桶や水切りカゴなどは、すべてどかします。

❷　シンクの壁に5～6カ所、重曹を振りかけます。

❸　ポンポンたわしで汚れをこすり落とします。

❹　全体にクエン酸水をスプレーして仕上げます。

排水口

○ ちょこちょこ掃除

重曹　酢　熱いお湯

❶ 排水口に重曹を振りいれます。
❷ 酢を注ぎます。
❸ 30分～2時間おき、熱いお湯を1分ほど流します。

> **お掃除のヒント**
> 定期的にお手入れすると、においが解消するだけでなく、つまり予防にもなります。消臭に使った重曹などを利用して、こまめにお掃除します。

● しっかり掃除

重曹　クエン酸　熱いお湯　布

❶ 重曹1カップとクエン酸1/2カップを容器に入れて、よくまぜます。
❷ ❶を排水口に振りいれます。
❸ 30分～2時間おき、布で配水管の内側の汚れをこすり落とします。
❹ 熱いお湯を1分ほど流して仕上げます。

> ❗ 私は、重曹1カップとクエン酸1/2カップを入れていますが、排水管の太さによっては、多すぎることがあるので、それぞれのご家庭の排水管の太さにあわせて、量を加減してください。

> **お掃除のヒント**
> 栓をして、配水管に泡をとじこめることができれば、さらに効果的。

キッチンカウンター

○ ちょこちょこ掃除

クエン酸水　布

❶ 全体にクエン酸水をスプレーします。
❷ 布で拭いて仕上げます。

● しっかり掃除

石けん　重曹　クエン酸水

ポンポンたわし　布

❶ 石けんをつけて泡立てたポンポンたわしで、全体に石けんをぬります。
❷ 汚れが柔らかくなり、浮きあがってきたら、うっすらと重曹を振りかけます。
❸ ❶で汚れをこすり落とします。
❹ 布で汚れを拭きとります。
❺ 汚れが残っている場合は、❶〜❹をくり返します。
❻ 全体にクエン酸水をスプレーし、別の布で拭いて仕上げます。

アルミホイルで油膜スッキリ

ステンレスのキッチンカウンターに茶色い油膜がついている時は、ポンポンたわしではなく、アルミホイルでこするとすっきり落ちます。ただし、プラスチックや人造大理石は、ものによっては、キズがつくことがあります。必ず事前に目立たないところで試してから使います。

冷蔵庫

冷蔵庫の扉と外側

○ ちょこちょこ掃除

クエン酸水　布

❶ 汚れにクエン酸水をスプレーします。
❷ 布で拭いて仕上げます。

● しっかり掃除

重曹　クエン酸水

ポンポンたわし　歯ブラシ　布

❶ 軽く水でぬらし、重曹を振りかけたポンポンたわしで、表面や溝の凹凸をこすります。
❷ ポンポンたわしで届きにくい部分は、歯ブラシを使います。

❸ 布で汚れを拭きとります。
❹ 全体にクエン酸水をスプレーし、別の布で拭いて仕上げます。

冷蔵庫の取っ手

〇 ちょこちょこ掃除

クエン酸水　布

❶ 汚れにクエン酸水をスプレーします。
❷ 布で拭いて仕上げます。

● しっかり掃除

重曹　クエン酸水

ポンポンたわし　歯ブラシ　布

❶ 軽く水でぬらし、重曹を振りかけたポンポンたわしで、表面や溝の凹凸をこすります。
❷ ポンポンたわしで届きにくい部分は、歯ブラシを使います。
❸ 布で汚れを拭きとります。

❹ 全体にクエン酸水をスプレーし、別の布で拭いて仕上げます。

冷蔵庫の庫内

〇 ちょこちょこ掃除

クエン酸水　布

❶ 汚れにクエン酸水をスプレーします。
❷ 布で拭いて仕上げます。

● しっかり掃除

石けん　重曹　クエン酸水

ポンポンたわし　布

❶ 棚やしきりなど、とり外せるものは外します。
❷ 石けんをつけて泡立て、重曹を振りかけたポンポンたわしで、汚れをこすり落とします。
❸ 布で汚れを拭きとります。
❹ 汚れが残っている場合は、❷～❸

をくり返します。

❺ 全体にクエン酸水をスプレーし、別の布で拭いて仕上げます。

❻ とり外した棚や仕切りも同じように汚れを落とし、もとの位置にもどします。

> **お掃除のヒント**
>
> 冷蔵庫の中を一度に全部掃除をすると、時間がかかりますし、食品を長く外に出しておかなければなりません。特に夏は、食品が傷むことも考えられるので、私は冷蔵庫の中で食品を移動させながら掃除するようにしています。

冷蔵庫のパッキン

○ ちょこちょこ掃除

クエン酸水　布

❶ クエン酸水をスプレーした布で、汚れをこすり落とします。

● しっかり掃除

重曹　クエン酸水

ポンポンたわし　歯ブラシ　布

❶ 軽く水でぬらし、重曹を振りかけたポンポンたわしで、表面や溝の凹凸をこすります。

❷ ポンポンたわしで届きにくい部分は、歯ブラシを使います。

❸ 布で汚れを拭きとります。

❹ クエン酸水をスプレーした別の布で、よく拭いて仕上げます。

冷蔵庫の中のにおい

○ ちょこちょこ掃除

重曹　ジャムのビン　ガーゼ　輪ゴム

❶ ジャムの空ビンに重曹を入れます。

❷ ビンの口にガーゼをかぶせ、輪ゴムでガーゼを固定します。

❸ そのまま冷蔵庫に入れます。

> ❗ 消臭効果は3カ月ほどといわれています。

お掃除のヒント

重曹は、空気と接している部分を中心に、においを吸いとる効果があります。ですから、空気と接している部分が入れかわっていけば、消臭効果は持続します。

そういう意味では、キッチンの掃除に使う重曹を、シンクの下にしまうかわりに冷蔵庫にしまっておけば、空気と接している部分は自然に入れかわり、消臭効果が長持ちしますし、最後まで無駄なく使うことができます。ジャムのビンの再利用ではなく、振りだし口のあいた振りかけ容器(ふたのあるものはふたをあけた状態で)を冷蔵庫に保管するという方法もあります。

Q 冷蔵庫にキムチを入れておいたら、においが残ってしまって、なかなかとれません。どうしたらいいでしょうか？

A まずは、冷蔵庫の中にふたをあけた重曹を入れてひと晩様子を見ます。それでもにおいが消えない時は、においがこもっているだけでなく、冷蔵庫の中にキムチの汁などがついていて、そのせいでにおいがする可能性が考えられます。まずは、庫内の汚れをチェックします。こぼれているものは拭きとって重曹でこすり、クエン酸水をスプレーしてから、布で拭いて仕上げます。その後、重曹で庫内のにおいをひと晩吸わせれば、においはスッキリとれるでしょう。

冷蔵庫の底のトレイ

〇 ちょこちょこ掃除

布

❶ トレイを引きだします。

❷ トレイの内側のほこりを、布で拭きとります。

❸ フィルターなどがついている場合は、取扱説明書を参考に、ほこりを落とします。

❹ トレイをもとの位置にもどします。

> ❗ 冷蔵庫の機種によって、底のトレイが外れるものと外れないものがありますから、取扱説明書を参考に作業をしてください。

● しっかり掃除

重曹　クエン酸水　布　ポンポンたわし

❶ トレイを引きだします。

❷ トレイの内側のほこりを、布で拭きとります。

❸ フィルターなどがついている場合は、取扱説明書を参考に、ほこりを落

とします。

❹ 軽く水でぬらし、重曹を振りかけたポンポンたわしで、汚れをこすり落とします。

❺ 全体にクエン酸水をスプレーし、別の布で拭いて仕上げます。

❻ トレイをもとの位置にもどします。

Q 冷蔵庫内の雑菌が気になる時はどうすればよいでしょうか？

A クエン酸水200ccに塩大さじ1/2を溶かした塩酢をつくり、クエン酸水をスプレーするかわりに、塩酢で拭き掃除をします。塩を加えることで、殺菌力がアップするのだそうです。

製氷機の給水タンク

○ ちょこちょこ掃除

ポンポンたわし

---

❶ 給水タンクを冷蔵庫からとり出します。

❷ ふたなど、外せるものは外します。

❸ 中に水が入っている場合は水を捨てます。

❹ 全体を軽く水でぬらし、ポンポンたわしで、汚れをこすり落とします。

❺ とり外した部品もポンポンたわしで汚れをこすり落とし、もとの位置にもどします。

❻ 水ですすぎ、よく乾かして仕上げます。

● しっかり掃除

クエン酸　重曹　ポンポンたわし

---

❶ 給水タンクを冷蔵庫からとり出し、ふたなど、外せるものは外します。

❷ タンクいっぱいに水を入れ、クエン酸大さじ1を溶かし、2時間ほどおきます。

❸ 軽く水でぬらし、重曹を振りかけたポンポンたわしで、汚れをこすり落とします。

❹ 水ですすぎ、よく乾かして仕上げます。

製氷機を使わないという選択

少し前の型の冷蔵庫は、製氷機能はついていても、製氷タンクや浄水フィルターを、とり外して洗えない構造のものが大多数でした。そのために、タンクやホース、フィルターに、カルキがたまったり、においがこもったりしてしまうこともあります。そんな時は、製氷機の使用をあきらめて、製氷皿に切りかえるのも一案です。

わが家の冷蔵庫も、タンクはとり外せますが、フィルターや給水タンクまでは洗えません。そこで、冷蔵庫の製氷機を使わずに、ふたつきの製氷皿を購入し、製氷室に入れて氷をつくっています。

掃除しにくいからと、汚れを気にしながら使うなら、いっそ使うのをやめて、手入れのラクなものに切りかえるのもよいのではないでしょうか。

Q 製氷機にミネラルウォーターを使わないようにと、取扱説明書に書いてありました。なぜですか？

A 製氷機のタンクから製氷皿まで、ミネラルウォーターが管を通って移動していくうちに、管にカルシウムなどのミネラル成分が付着して、管がつまってしまうことがあるからです。また、できた氷が、自動的に受け皿に落ちる機能がついている場合には、製氷皿からうまく氷が落ちずに、故障につながることもあるためのようです。

松下電器産業の広報室によると、最近の冷蔵庫はパーツをとり外して、水洗いできるように工夫されたものも増えてきているので、ミネラルウォーターでも氷がつくることができる冷蔵庫も増えてきているということでした。それでも、ミネラルウオーターの中でも硬度が高く、カルシウム分が多く含まれるものを使うと、つまってしまう可能性があるようなので、故障の心配などを考えると、硬度が高いミネラルウォーターは、昔ながらの製氷皿を使って固めたほうがよさそうです。

縦書きタブ（左側、上から下）:
- ガスレンジ
- 魚焼きグリル
- 換気扇
- シンク・キッチンカウンター
- 冷蔵庫
- 電子レンジ
- 炊飯器
- 電気ポット
- ▼

電子レンジ

電子レンジの外側

○ ちょこちょこ掃除

布

❶ 軽く水でぬらし、固くしぼった布で、汚れをこすり落とします。

● しっかり掃除

重曹　クエン酸水　ポンポンたわし　布

❶ 軽く水でぬらし、重曹を振りかけたポンポンたわしで、汚れをこすり落とします。
❷ 布で汚れを拭きとります。
❸ 汚れが残っている場合は、❶～❷をくり返します。
❹ クエン酸水をスプレーした別の布で、よく拭いて仕上げます。

電子レンジの扉

○ ちょこちょこ掃除

重曹　クエン酸水　ポンポンたわし　布

❶ 軽く水でぬらし、重曹を振りかけたポンポンたわしで、汚れをこすり落とします。
❷ 布で汚れを拭きとります。
❸ 全体にクエン酸水をスプレーし、別の布で拭いて仕上げます。

> **お掃除のヒント**
> 電子レンジの扉の外側は、内側ほどひどい汚れがつくことはありません。汚れてきたなと思ったら、水でぬらし、固くしぼった布でこすると、きれいになります。

● しっかり掃除

石けん　重曹　クエン酸水

ポンポンたわし　布

❶ 石けんをつけて泡立てたポンポン

たわしで、全体に石けんをぬります。
❷ 汚れが柔らかくなり、浮きあがってきたら、うっすらと重曹を振りかけます。
❸ ❶で汚れをこすり落とします。
❹ 布で汚れを拭きとります。
❺ 全体にクエン酸水をスプレーし、別の布で拭いて仕上げます。

電子レンジにスプレーはNG？

電子レンジは、外側に空気孔のような穴があいていることがあります。炊飯ジャーやポットのように完璧に外側が樹脂でおおわれていない場合は、万が一機械の内部に水分が入った時、故障の原因にならないとも限りません。完璧に外側がおおわれているものは、もちろんクエン酸水をスプレーして乾拭きすると、きれいに仕上がりますが、そうでない場合は、クエン酸水をスプレーした布で、拭くくらいにしておくほうがよいと思います。

電子レンジの庫内

○ ちょこちょこ掃除

重曹　水　耐熱容器　布

❶ 重曹大さじ2と水1カップを耐熱容器に入れてよくまぜます。
❷ ふたをしないで耐熱容器を電子レンジに入れ、5分加熱します。
❸ 水滴と汚れを、布で拭いて仕上げます。

お掃除のヒント

電子レンジを使ったあとに、庫内に残った水滴を利用して掃除をしてしまうのが一番かんたんです。気がついた時に、ちょこちょこ拭き掃除。庫内を石けんや重曹でお掃除しなければならないほど汚してしまうような事態は、掃除の手間を省くためにも、機械のためにも、できるだけ避けたいものです。

● しっかり掃除

石けん　重曹　クエン酸水

ポンポンたわし　布

❶ 石けんをつけて泡立てたポンポンたわしで、全体に石けんをぬります。
❷ 汚れが柔らかくなり、浮きあがってきたら、うっすらと重曹を振りかけます。
❸ ❶で汚れをこすり落とします。
❹ 布で汚れを拭きとります。
❺ 汚れが残っている場合は、❶〜❹

電子レンジのトレイ

をくり返します。

❻ 全体にクエン酸水をスプレーし、別の布で拭いて仕上げます。

> ⚠ 電磁波の出る部分にふれたり、直接クエン酸水をスプレーしたり、重曹を振りかけたりしないように、気をつけてください。

お掃除のヒント
煮汁などがこぼれてしまった時は、固くしぼった布ですぐに拭きます。温かいうちに、その場でお手入れしたほうがラクに汚れを落とせます。

電子レンジのトレイ

○ ちょこちょこ掃除

クエン酸水　布

❶ トレイをレンジからとり出します。

❷ 全体にクエン酸水をスプレーし、布で拭いて仕上げます。

● しっかり掃除

石けん　重曹　ポンポンたわし　布

❶ トレイをレンジからとり出します。

❷ 石けんをつけて泡立てたポンポンたわしで、全体に石けんをぬります。

❸ 汚れが柔らかくなり、浮きあがってきたら、うっすらと重曹を振りかけます。

❹ ❷で汚れをこすり落とします。

❺ 布で汚れを拭きとります。

❻ 汚れが残っている場合は、❷〜❺をくり返します。

❼ 水ですすぎ、よく乾かして仕上げます。

家電製品はスイッチを切ってからお掃除

家電製品をお手入れする時は、スイッチを切り、通電していない状態で作業をします。

安全のため、抜けるものはプラグも抜いておきたいものです。また、電気ポットや炊飯器、コーヒーメーカーなど、本体が熱くなるものは、スイッチを切ってからしばらくおき、本体が冷えてから作業をします。

炊飯器

炊飯器の外側

○ ちょこちょこ掃除

クエン酸水　布

❶ 作業をする前に、本体が冷えていることを確認します。
❷ クエン酸水をスプレーした布で、汚れをこすり落とします。

● しっかり掃除

重曹　クエン酸水　ポンポンたわし　布

❶ 作業をする前に、本体が冷えていることを確認します。
❷ 軽く水でぬらし、重曹を振りかけたポンポンたわしで、汚れをこすり落とします。
❸ 布で汚れを拭きとります。
❹ クエン酸水をスプレーした布で、よく拭いて仕上げます。

> ❗ 炊飯器の内側は、発熱帯になっているものが多いので、直接クエン酸水をスプレーしたり、重曹を振りかけたりしないようにしてください。

炊飯器の内側の枠

○ ちょこちょこ掃除

布

❶ 作業をする前に、本体が冷えていることを確認します。
❷ うち釜をとり出します。
❸ 軽く水でぬらし、固くしぼった布で、汚れをこすり落とします。

炊飯器のうち釜

○ ちょこちょこ掃除

水　ポンポンたわし　布

❶ 作業をする前に、本体が冷えていることを確認します。
❷ うち釜をとり出します。
❸ うち釜の汚れがかぶるくらい水を入れ、10分ほどおきます。
❹ ポンポンたわしで汚れをこすり落とします。
❺ 水を捨て、底の汚れもポンポンたわしでこすり落とします。
❻ 水ですすぎ、布でよく拭いて仕上げます。

● しっかり掃除

熱いお湯　水　ポンポンたわし　布

❶ 作業をする前に、本体が冷えていることを確認します。
❷ うち釜をとり出します。
❸ 熱いお湯をうち釜の汚れがかぶるくらいまで入れ、30分ほどおきます。
❹ 水を加え、手を入れられる温度に調整し、ポンポンたわしで汚れをこすり落とします。
❺ お湯を捨て、底の汚れもポンポンたわしでこすり落とします。
❻ 水ですすぎ、布でよく拭いて仕上げます。

炊飯器のうち釜のにおい

● しっかり掃除

熱いお湯　重曹　ボウル　布

❶ 作業をする前に、本体が冷えていることを確認します。
❷ うち釜を炊飯器に入れたままの状態で、2/3くらいまで熱いお湯を入れ、ふたをして1時間ほどおきます。
❸ うち釜をとり出します。
❹ お湯を大きめのボウルに移し、重曹大さじ1を加えて溶かします。
❺ うち釜に水分が残らないように、布でよく拭きます。
❻ ❸のボウルに、内ぶた、パッキン、蒸気抜き用のふたなどを浸け、30分〜1時間おきます。
❼ 各パーツを水ですすぎ、布でよく

拭いて仕上げます。

炊きこみご飯のにおいを残さない！

炊きこみご飯をつくると、内釜に食材や調味料のにおいが残ってしまうことがあります。ご飯のにおいが残るとイヤなので、炊きこみご飯にする時は、心持ち量を少なめに炊いて、完食するようにしています。もちろん、食べ終わったあと、内釜は洗いますが、それでも、翌朝白米を炊きあげて、炊飯機のふたをあけると、「昨日の炊きこみご飯のにおいが残っている……」そんなことが時々起こります。

どうしたものかと思っていたら、熱いお湯を入れて、しばらくおいてから、中性洗剤で洗うというレシピを発見。早速試してみました。といっても、わが家には中性洗剤がないので、かわりに消臭効果抜群の重曹を入れてみたところ、においがスッキリ落ちました。

なんだかんたんじゃない。それ以来、うち釜のにおいが気になる時は、このレシピでお手入れしています。

炊飯器の蒸気抜き

〇 ちょこちょこ掃除

ポンポンたわし　布

❶ 作業をする前に、本体が冷えていることを確認します。
❷ 蒸気抜きのふたをとり外します。
❸ 軽く水でぬらしたポンポンたわしで、汚れをこすり落とします。
❹ 水ですすぎ、布でよく拭いて仕上げます。

● しっかり掃除

重曹　ポンポンたわし　布

❶ 作業をする前に、本体が冷えていることを確認します。
❷ 蒸気抜きのふたをとり外します。
❸ 軽く水でぬらし、重曹を振りかけたポンポンたわしで、汚れをこすり落とします。
❹ 布で汚れを拭きとります。
❺ 水ですすぎ、布でよく拭いて仕上げます。

炊飯器の内ぶた

○ ちょこちょこ掃除

水　　布　　ポンポンたわし

❶ 作業をする前に、本体が冷えていることを確認します。
❷ 内ぶたをとり外します。
❸ 内ぶたは水でぬらし、固くしぼった布で、汚れをこすり落とします。
❹ 水に内ぶたを浸け、5分ほどおきます。
❺ ポンポンたわしで汚れをこすり落とします。
❻ 水ですすぎ、布でよく拭いて仕上げます。

● しっかり掃除

重曹　　布　　ポンポンたわし

❶ 作業をする前に、本体が冷えていることを確認します。
❷ 内ぶたをとり外します。
❸ 内ぶたは水でぬらし、固くしぼった布で、汚れをこすり落とします。
❹ 軽く水でぬらし、重曹を振りかけたポンポンたわしで、汚れをこすり落とします。
❺ 布で汚れを拭きとります。
❻ 水ですすぎ、布でよく拭いて仕上げます。

電気ポット

電気ポットの外側

○ ちょこちょこ掃除

クエン酸水　布

❶ クエン酸水をスプレーした布で、よく拭いて仕上げます。

● しっかり掃除

重曹　クエン酸水　ポンポンたわし　布

❶ 軽く水でぬらし、重曹を振りかけたポンポンたわしで、汚れをこすり落とします。
❷ 布で汚れを拭きとります。
❸ クエン酸水をスプレーした布で、よく拭いて仕上げます。

電気ポットの内側

○ ちょこちょこ掃除

クエン酸水　布

❶ 作業をする前に、本体が冷えていることを確認します。
❷ クエン酸水をスプレーした布で、汚れをこすり落とします。
❸ 水ですすぎ、別の布でよく拭いて仕上げます。

● しっかり掃除

水　クエン酸　ポンポンたわし　布

❶ カルキが付着した部分の上まで水を入れ、クエン酸大さじ３を加えて溶かします。
❷ ポットのスイッチを入れ、クエン酸水を沸騰させます。
❸ 沸騰後スイッチを切り、２時間ほどおきます。
❹ クエン酸水を流し、ポンポンたわしで汚れをこすり落とします。
❺ 汚れが残っている場合は、❶〜❹

をくり返します。

❻ 水ですすぎ、布でよく拭いて仕上げます。

電気ポットのフィルター

● しっかり掃除

熱いお湯　クエン酸　容器　布

❶ 容器に熱いお湯200ccを入れ、クエン酸小さじ1を加えて溶かします。
❷ ❶にフィルターを浸し、2時間ほどおきます。
❸ 水ですすぎ、布でよく拭いて仕上げます。

> **お掃除のヒント**
> カルキは、フィルターにたまりやすいもの。時々、汚れ具合を見て、クエン酸でお手入れをしたほうがよさそうです。ただし、鉄でできているとサビることがありますから、クエン酸水に浸ける前に、材質のチェックをお忘れなく。鉄かどうかは、磁石がくっつくかどうかで、かんたんに見分けることができます。

オーブントースター

オーブントースターの外側

○ ちょこちょこ掃除

布

❶ 軽く水でぬらし、固くしぼった布で、汚れをこすり落とします。

● しっかり掃除

重曹　ポンポンたわし　布

❶ 軽く水でぬらし、重曹を振りかけたポンポンたわしで、汚れをこすり落とします。
❷ 布で汚れを拭きとります。
❸ 汚れが残っている場合は、❶〜❷をくり返します。
❹ 軽く水でぬらし、固くしぼった布で、よく拭いて仕上げます。

クエン酸スプレーは要チェック！

オーブントースターは形によって、外側に空気孔のような穴があいていることがあります。外側が完璧に樹脂でおおわれていないと、万が一機械の内部に水分が入った時、故障の原因にならないとも限りません。クエン酸水をスプレーして乾拭きすると、きれいに仕上がりますが、そうでない場合は、固くしぼった布で拭くくらいにしておくほうがよいと思います。

また、古くなったオーブントースターを見ると、サビついていることがあるので、オーブントースターによっては、本体に鉄が使われているかもしれません。鉄は酸に弱く、クエン酸水などをスプレーするとサビの原因になることもあります。そうしたことを考えあわせると、クエン酸水をスプレーするのではなく、固くしぼった布で拭いてお手入れするほうが安心です。

オーブントースターの扉

○ ちょこちょこ掃除

重曹　クエン酸水　ポンポンたわし　布

❶ 軽く水でぬらし、重曹を振りかけたポンポンたわしで、汚れをこすり落とします。

❷ 布で汚れを拭きとります。

❸ 全体にクエン酸水をスプレーし、別の布で拭いて仕上げます。

● しっかり掃除

石けん　重曹　クエン酸水

ポンポンたわし　歯ブラシ　布

❶ 石けんをつけて泡立てたポンポンたわしで、全体に石けんをぬります。

❷ 汚れが柔らかくなり、浮きあがってきたら、うっすらと重曹を振りかけます。

❸ ❶で汚れをこすり落とします。

❹ 油がこびりついている部分は、軽く水でぬらし、重曹を振りかけた歯ブラシで、汚れをこすり落とします。

❺ 布で汚れを拭きとります。

❻ 汚れが残っている場合は、❶〜❺をくり返します。

❼ 全体にクエン酸水をスプレーし、別の布で拭いて仕上げます。

> クエン酸水や石けんを泡立てた時の水分が、オーブントースターの発熱帯にかかることがないよう、十分に注意して作業をしてください。発熱帯部分をぬらしてしまった場合は、乾いた布でよく拭き、庫内が十分乾燥するまで使用を見合わせるようにしてください。

オーブントースターの内側（アルミ）

○ ちょこちょこ掃除

布　ポンポンたわし

❶ 底板がとり外せるものは、とり外します。
❷ 内側にたまったパンくずなどを、布でこすり落とします。
❸ 底のこびりつきを、ポンポンたわしでこすり落とします。
❹ 底板をもとの位置にもどします。

● しっかり掃除

小麦粉　石けん　クエン酸水

ポンポンたわし　布

❶ 軽く水でぬらし、小麦粉を振りかけたポンポンたわしで、汚れをこすり落とします。
❷ 布で汚れを拭きとります。
❸ 石けんをつけて泡立てたポンポンたわしで、汚れをこすり落とします。
❹ 布で汚れを拭きとります。
❺ 汚れが残っている場合は、❶〜❹をくり返します。
❻ クエン酸水をスプレーした別の布で、よく拭いて仕上げます。

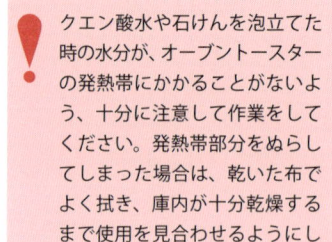

オーブントースターの内側（アルミ以外）

○ ちょこちょこ掃除

布　ポンポンたわし

❶ 底板がとり外せるものは、とり外します。
❷ 内側にたまったパンくずなどを、布でこすり落とします。
❸ 底のこびりつきを、ポンポンたわしでこすり落とします。

❹ 底板をもとの位置にもどします。

● **しっかり掃除**

石けん　重曹　クエン酸水

ポンポンたわし　布

❶ 石けんをつけて泡立て、重曹を振りかけたポンポンたわしで、汚れをこすり落とします。
❷ 布で汚れを拭きとります。
❸ 汚れが残っている場合は、❶〜❷をくり返します。
❹ クエン酸水をスプレーした別の布で、よく拭いて仕上げます。

オーブントースターのトレイ（アルミ）

○ **ちょこちょこ掃除**

石けん　ポンポンたわし　布

❶ トレイをとり出します。
❷ 石けんをつけて泡立てたポンポンたわしで、汚れをこすり落とします。
❸ 布で汚れを拭きとります。
❹ 汚れが残っている場合は、❷〜❸をくり返します。
❺ 水ですすぎ、よく乾かして仕上げます。

● **しっかり掃除**

熱いお湯　石けん　ポンポンたわし　布

❶ トレイをとり出します。
❷ 熱いお湯に石けんをよく溶かし、トレイを沈めます。
❸ 2〜8時間おきます。
❹ 石けんをつけて泡立てたポンポンたわしで、汚れをこすり落とします。
❺ 布で汚れを拭きとります。
❻ 汚れが残っている場合は、❷〜❺をくり返します。
❼ 水ですすぎ、よく乾かして仕上げます。

オーブントースターのトレイ（アルミ以外）

○ **ちょこちょこ掃除**

重曹　ポンポンたわし　布

❶ トレイをとり出します。
❷ 軽く水でぬらし、重曹を振りかけたポンポンたわしで、汚れをこすり落とします。
❸ 布で汚れを拭きとります。
❹ 汚れが残っている場合は、❷〜❸をくり返します。
❺ 水ですすぎ、よく乾かして仕上げます。

● しっかり掃除

石けん　重曹

ポンポンたわし　歯ブラシ　布

❶ トレイをとり出します。
❷ 石けんをつけて泡立てたポンポンたわしで、全体に石けんをぬります。
❸ 汚れが柔らかくなり、浮きあがってきたら、うっすらと重曹を振りかけます。
❹ ❷で汚れをこすり落とします。
❺ 四隅など細かい部分は、歯ブラシを使います。
❻ 布で汚れを拭きとります。
❼ 汚れが残っている場合は、❷〜❻をくり返します。
❽ 水ですすぎ、よく乾かして仕上げます。

Q アルミのオーブントースターに重曹を使ってはいけないといわれました。なぜですか？

A アルミに重曹をかけると、酸化して黒ずみます。たいていの本や重曹の説明書には、そんなふうに書いてあります。黒ずませたくなかったら、アルミに重曹は使わないほうが賢明です。とはいっても、アルマイトなど純粋なアルミ以外は、実際にかけてみるとそれほど黒ずみません。

かけたとたんに黒ずんでしまって「失敗した！」と思ったのは、今のところオーブントースターのトレイくらいです。その見事な変色ぶりには「しまった！」と思いましたが、あとの祭りでした。オーブントースターの内部なども、よく見るとアルミのようなものが使われています。使っているうちにどうせ焦げて黒ずんでしまうのだから気にしない……と、重曹でお手入れする方法もありますが、そうでなければ重曹はお手入れに使わないようにします。

コーヒーメーカー

コーヒーメーカーの本体

〇 ちょこちょこ掃除

クエン酸水　布

❶ 作業をする前に、本体が冷えていることを確認します。
❷ クエン酸水をスプレーした布で、よく拭いて仕上げます。

● しっかり掃除

重曹　クエン酸水　ポンポンたわし　布

❶ 作業をする前に、本体が冷えていることを確認します。
❷ 軽く水でぬらし、重曹を振りかけたポンポンたわしで、汚れをこすり落とします。
❸ 布で汚れを拭きとります。
❹ クエン酸水をスプレーした布で、よく拭いて仕上げます。

> ❗ 発熱帯にふれたり、直接クエン酸水をスプレーしたり、重曹を振りかけたりしないように気をつけてください。もし発熱帯部分をぬらしてしまった場合は、乾いた布でよく拭き、十分乾燥するまで使用を見合わせてください。

コーヒーメーカーのポット

〇 ちょこちょこ掃除

ポンポンたわし

❶ 軽く水でぬらしたポンポンたわしで、汚れをこすり落とします。
❷ よく乾かして仕上げます。

● しっかり掃除

重曹　ポンポンたわし　布

❶ 軽く水でぬらし、重曹を振りかけたポンポンたわしで、汚れをこすり落とします。

縦書き見出し(左端): 電気ポット／オーブントースター／コーヒーメーカー／フードプロセッサー／食器洗い機／鍋／オイルポット／まな板・包丁

❷ 布で汚れを拭きとります。
❸ 汚れが残っている場合は、❶〜❷をくり返します。
❹ 水ですすぎ、布でよく拭いて仕上げます。

Q ふたの穴など細かい部分の汚れが落ちにくいのですが、どうしたらいいでしょうか？

A 細かい部分はポンポンたわしでこするより、歯ブラシや綿棒を使うのがオススメです。また、ぬらした指に重曹をつけてこすってみてはどうでしょう。指先なら細かい部分までしっかり届くので、きれいにこすり落とすことができます。

コーヒーメーカーのタンク

○ ちょこちょこ掃除

布

❶ 使用後、タンクがまだぬれているうちに、布で水滴を拭きとります。
❷ よく乾かして仕上げます。

● しっかり掃除

水　クエン酸　布

❶ 水をポットいっぱいまで入れ、クエン酸大さじ1を溶かします。
❷ 30分ほどおきます。
❸ スイッチを入れ、クエン酸水をポットにドリップさせます。
❹ 布でタンク内の汚れをこすり落とします。
❺ ポットにたまったクエン酸水を捨て、水をタンクに入れます。
❻ スイッチを入れ、水をポットにドリップさせます。
❼ 水ですすぎ、よく乾かして仕上げます。

コーヒーメーカーのコード

○ ちょこちょこ掃除

布

❶ 布で拭いて、汚れをこすり落とします。

● しっかり掃除

重曹　布

❶ 布でプラグ周辺のほこりを乾拭きします。
❷ 軽く水でぬらした指先に少量の重曹をつけ、汚れをこすり落とします。
❸ 布でよく拭いて仕上げます。

お掃除のヒント

電気製品のコードが長いと、散らかった印象になるので束ねてしまいたくなりますが、束ねるとコード本体に熱がこもりやすくなります。また、コードは静電気で汚れやすくもなります。長すぎないものや、汚れの目立たない色のものを選ぶことも、掃除の手間を減らすために有効な方法です。

Q　クエン酸が切れてしまいました。お酢でもお掃除できますか？

A　たいていのお掃除は、クエン酸水を、酢水で代用することができます。ただし、コーヒーメーカーのタンクのお掃除には、クエン酸のほうがオススメです。というのも、酢は熱を加えると、強いにおいがするからです。部屋にコーヒーのアロマならぬ酢のにおいが広がってしまいますから、酢のにおいが大好き！という方以外には、酢水でのお掃除はオススメできません。

フードプロセッサー

フードプロセッサーの本体

○ ちょこちょこ掃除

布

❶ 刃などとり外せるものは外します。
❷ 軽く水でぬらし、固くしぼった布で、汚れをていねいにこすり落とします。
❸ 軸の部分なども、食べものが残っていないことを確認しながら、汚れをこすり落とします。
❹ 刃などをもとの位置にもどします。

● しっかり掃除

重曹　クエン酸水　ポンポンたわし　布

❶ 刃などとり外せるものは外します。

キッチン / リビング / ダイニング / 個室 / バスルーム / 洗面所 / トイレ / 玄関

❷ 軽く水でぬらし、重曹を振りかけたポンポンたわしで、汚れをこすり落とします。
❸ クエン酸水をスプレーした布で、よく拭いて仕上げます。
❹ 刃などをもとの位置にもどします。

フードプロセッサーの裏技掃除

アメリカのディスポーザーのお掃除方法を、フードプロセッサーに応用してみました。消毒のむずかしい刃部分に、消毒効果のあるクエン酸氷を砕かせることで、雑菌を退治しようという発想です。氷に対応したフードプロセッサーでのみ有効です。

水　クエン酸　塩

製氷皿　布

❶ 水200ccにクエン酸小さじ1、塩大さじ½を加えて溶かします。
❷ ❶を製氷皿に入れ、凍らせます。
❸ ❷の氷をフードプロセッサーにかけて砕きます。
❹ 氷を捨て、水でよくすすぎます。
❺ 布でよく拭いて仕上げます。

フードプロセッサーの刃

○ ちょこちょこ掃除

重曹　ポンポンたわし

❶ 刃などとり外せるものは外します。
❷ 軽く水でぬらし、重曹を振りかけたポンポンたわしで、汚れをこすり落とします。
❸ 水ですすぎ、よく乾かして仕上げます。
❹ 刃などをもとの位置にもどします。

● しっかり掃除

石けん　重曹　ポンポンたわし

❶ 刃などとり外せるものは外します。
❷ 軽く水でぬらし、石けんをつけて泡立て、重曹を振りかけたポンポンたわしで、汚れをこすり落とします。
❸ 水ですすぎ、よく乾かして仕上げます。

❹ 刃などをもとの位置にもどします。

**フード
プロセッサーの
ガラス容器**

○ **ちょこちょこ掃除**

重曹　ポンポンたわし

❶ 全体にうっすらと重曹を振りかけます。
❷ ポンポンたわしで汚れをこすり落とします。
❸ 水ですすぎ、よく乾かして仕上げます。

● **しっかり掃除**

石けん　重曹　クエン酸水

ポンポンたわし　布

❶ 石けんをつけて泡立てたポンポンたわしで、全体に石けんをぬります。
❷ 汚れが柔らかくなり、浮きあがってきたら、うっすらと重曹を振りかけます。
❸ ❶で汚れをこすり落とします。
❹ 布で汚れを拭きとります。
❺ 全体にクエン酸水をスプレーし、別の布で拭いて仕上げます。

**フード
プロセッサーの
コード**

○ **ちょこちょこ掃除**

布

❶ 布で拭いて、汚れをこすり落とします。

● **しっかり掃除**

重曹　布

❶ 布でプラグ周辺のほこりを乾拭きします。
❷ 軽く水でぬらした指先に少量の重曹をつけ、汚れをこすり落とします。
❸ 布でよく拭いて仕上げます。

**コードリール式は
使い勝手バツグン！**

最近のフードプロセッサーは、コードリール式といって、軽く引っぱるとコードがスルスルと本体の中にしまえるタイプのものも出てきています。使い勝手はもちろんですが、お手入れのしやすさや保管のしやすさという観点からも、うれしい商品だなと私は思っています。

食器洗い機

食器洗い機の外側

○ ちょこちょこ掃除

重曹　クエン酸水　布

❶ 全体にうっすらと重曹を振りかけます。
❷ 軽く水でぬらし、固くしぼった布で、汚れをこすり落とします。
❸ 別の布で汚れを拭きとります。
❹ 全体にクエン酸水をスプレーし、別の布で拭いて仕上げます。

● しっかり掃除

石けん　重曹　クエン酸水

ポンポンたわし　布

❶ 石けんをつけて泡立てたポンポン

たわしで、全体に石けんをぬります。

❷　汚れが柔らかくなり、浮きあがってきたら、うっすらと重曹を振りかけます。

❸　❶で汚れをこすり落とします。

❹　布で汚れを拭きとります。

❺　全体にクエン酸水をスプレーし、別の布で拭いて仕上げます。

> **お掃除のヒント**
> 細かい部分や黒ずみが気になる部分は、重曹でこすって汚れを落とします。

食器洗い機の庫内

〇 ちょこちょこ掃除

重曹　ポンポンたわし

❶　カトラリーラックなどとり外せるものは外します。

❷　残さいフィルターをとり外し、ついているゴミを捨てます。

❸　軽く水でぬらし、重曹を振りかけたポンポンたわしで、汚れをこすり落とします。

❹　残さいフィルターやカトラリーラックなどは水ですすぎ、もとの位置にもどします。

● しっかり掃除

重曹　クエン酸　ポンポンたわし

❶　カトラリーラックなどとり外せるものは外します。

❷　残さいフィルターをとり外し、ついているゴミを捨てます。

❸　軽く水でぬらし、重曹を振りかけたポンポンたわしで、汚れをこすり落とします。

❹　洗剤の投入口にクエン酸大さじ1を入れ、洗浄1回、すすぎ1回で作動させます。

❺　残さいフィルターやカトラリーラックなどは水ですすぎ、もとの位置にもどします。

Q　食器洗い機の扉の内側が汚れてしまいます。どうすればいいでしょうか？

A　食器洗い機の扉は、ぬめりや黒ずみ、カルキなど、さまざまな汚れがついてしまいます。私は、扉の裏側や、パッキンなどを時々、布で乾拭きしています。それでも汚れがついてしまった時は、カビやぬめりなら、軽く水でぬらし、重曹を振りかけたポンポンたわしで、こすり落とします。白っぽいカルキのような汚れなら、クエン酸水

をスプレーした布で拭きとってしまいます。

排水ホースの外側

○ ちょこちょこ掃除

布

❶ 布で拭いて、汚れをこすり落とします。

● しっかり掃除

重曹　ポンポンたわし

❶ 軽く水でぬらし、重曹を振りかけたポンポンたわしで、汚れをこすり落とします。
❷ 水ですすぎ、よく乾かして仕上げます。

排水ホースの内側

○ ちょこちょこ掃除

菜箸　布　輪ゴム

❶ 菜箸の先に布を巻いて、輪ゴムでくくりつけます。
❷ 排水ホースをもち上げ、❶を排水ホースの中に入れ、静かに汚れをこすり落とします。

● しっかり掃除

重曹　クエン酸水

広告紙　菜箸　布　輪ゴム

❶ 広告紙を、排水ホースに差しこめる細さの円筒に丸めます。
❷ 排水ホースをもち上げ、❶を差しこみます。
❸ 排水ホースをまっすぐな状態でもち、円筒の先から重曹を振りいれます。できるだけ排水ホースの奥まで入るように入れます。

❹ クエン酸水を入れます。
❺ 2時間ほどおきます。
❻ 布と輪ゴムをくくり付けた菜箸で、汚れをこすり落とします。

> **お掃除のヒント**
> しっかり掃除で使う重曹とクエン酸の量は、排水ホースの直径や長さによって違ってきます。わが家の排水ホースは、内径が1cm、長さは40cmほど。奥まで重曹を振りこむのは厳しい長さですが、少しでも奥まで入れるようにしています。

鍋

ステンレスの鍋

○ ちょこちょこ掃除

重曹　ポンポンたわし

❶ 全体にうっすらと重曹を振りかけます。
❷ 軽く水でぬらしたポンポンたわしで、汚れをこすり落とします。
❸ 水ですすぎ、よく乾かして仕上げます。

● しっかり掃除

水　重曹　ポンポンたわし

❶ 汚れや焦げた部分の上まで、水を入れます。
❷ 重曹大さじ2を加えて、沸騰させます。
❸ 1分ほど煮立ててから火を止め、

キッチン
リビング
ダイニング
個室
バスルーム
洗面所
トイレ
玄関

ひと晩おきます。

❹ 重曹水を流し、焦げついた部分にうっすらと重曹を振りかけ、ポンポンたわしでこすり落とします。

❺ 水ですすぎ、よく乾かして仕上げます。

ホーローの鍋

○ ちょこちょこ掃除

重曹　ポンポンたわし

❶ 全体にうっすらと重曹を振りかけます。

❷ 軽く水でぬらしたポンポンたわしで、汚れをこすり落とします

❸ 水ですすぎ、よく乾かして仕上げます。

● しっかり掃除

水　重曹　ポンポンたわし

❶ 汚れや焦げた部分の上まで、水を入れます。

❷ 重曹大さじ2を加えて、沸騰させます。

❸ 1分ほど煮立ててから火を止め、ひと晩おきます。

❹ 重曹水を流し、焦げついた部分にうっすらと重曹を振りかけ、ポンポンたわしでこすり落とします。

❺ 水ですすぎ、よく乾かして仕上げます。

鉄の鍋

○ ちょこちょこ掃除

布

❶ 水をかけて洗いながし、水気が残らないように水を完全に捨てます。

❷ 残った水滴を布で拭きとります。なかなかとれない時は、1分ほど空だきします。

❸ よく乾かして仕上げます。

● しっかり掃除

緑茶　ボウル　布

❶ ボウルに熱めにいれた緑茶を注ぎ、布を浸します。
❷ ❶を固くしぼり、汚れをこすり落とします。
❸ 残った水滴を布で拭きとります。
❹ 汚れが残っている場合は、1分ほど空だきします。
❺ よく乾かして仕上げます。

鍋の外側の茶色い油膜

「ステンレス鍋の底の近くに、茶色いシミっぽいものがついて、すごく汚いんだけど、何かよい方法はないのかしら？」 友人がブツブツいった時、そりゃぁ火を使えば底は汚れるでしょう。それはあきらめたほうがいいんじゃないの？ 内心私はそう思いました。鍋の底だけは仕方がない……と思っていたからです。

油煙の出にくいIHクッキングヒーターだと鍋の底の汚れはずっと軽くなるという話は聞いたことがありましたが、そんなことでコンロを入れかえるわけにもいきません。ですから、完璧に落とすことにはこだわらず、だいたいの汚れがとれていればいいと思っていたのです。

ところが潔癖性の彼女はそれでは許せないといいます。いつか本のネタに使えるかもしれないし、調べてみて……と。

インターネットをサーフィンするうちに、IHヒーターの天板や鍋の焦げをクリームクレンザーとアルミホイルで落とせることがわかりました。

アルミホイルでこすってキズがつかないのかなぁ……と、半信半疑で手で石けんを泡立て、重曹を振りかけてステンレス鍋の真っ黒な底をアルミホイルでこすってみました。

すると、驚くほど焦げが落ちるのです。あまりよく落ちるのでひとりでニヤニヤ。

試しに重曹をつけずにアルミホイルだけでこすってみました。まぁ落ちなくはないけれど、笑いがこみあげてくるほどではありません。じゃぁ、重曹抜きの石けんだけでは？ これは全然ダメ。

クレンザー効果で汚れを落としているのです。

ところで、心配したキズですが、ステンレスの鍋に関しては、目立ったキズはつきませんでした。

一応ホーローの鍋でも試してみましたが、これも「あ、しまった」という感じはありません。

ただし、素材によってはキズがつくこともあるので、手持ちの鍋を磨く時は、どこか目立たないところで確認してから作業してください。

ダッチオーブンも重曹でお手入れ？

アウトドア派の絶大な支持を得ているダッチオーブン。ゆっくり均一に熱が伝わるため、煮込み料理に最高だといわれます。

重いのでアウトドア専用にしている人も多いようですが、家でも使っているとサビも出にくいようです。道具ですから、たくさん使ってもらったほうが、元気に働くというところでしょうか。

私自身はダッチオーブンを使っていませんが、友人がいつも洗っているレシピをご紹介します。

お手入れの基本は水洗い。油汚れがある場合は、重曹とたわしでこすり落とします。こびりつきは熱して炭化させ、こそげ落とします。

その後、もう一度水洗いをして、布で残った水滴を拭きとります。

新しい鍋を使う場合は、シーズニングといって、油で香りの強い野菜を炒めます。

サビが出てきた時も、油を塗っておくとよいそうで、中華鍋のお手入れに似ています。

中華鍋

○ ちょこちょこ掃除

石けん　ポンポンたわし

❶ 軽く水でぬらし、石けんをよく泡立てたポンポンたわしで、汚れをこすり落とします。

❷ 水ですすぎ、よく乾かして仕上げます。

● しっかり掃除

重曹　石けん　紙やすり　ポンポンたわし

❶ 空だきして、焦げがとれやすい状態にします。

❷ 鍋をそのまま冷まし、紙やすりで焦げをこすり落とします。

❸ 全体にうっすらと重曹を振りかけます。

❹ 軽く水でぬらし、石けんをつけて泡立てたポンポンたわしで、汚れをこすり落とします。

❺ 水ですすぎ、よく乾かして仕上げます。

> ❗ 紙やすりは番号によって粗さがかわります。鉄の鍋をこする時は、比較的粗めの100〜200番くらいのものが、汚れを落としやすいように思います。

中華鍋は返し油でお手入れを

「中華鍋はささらを使って、洗剤は絶対に使わずに洗いなさい」

そう教えられ、それを守っている人は、私を含めて多いのではないでしょうか。ところが、最近NHKの「ためしてガッテン」で中華料理の職人さんたちは洗剤で洗っているという話が紹介され、話題を呼びました。

焦げつかせない、サビさせないポイントは、洗剤で洗うかどうかではなく、中華鍋を使う前に「返し油」をするかどうかなのだとか。

返し油というのは、中華鍋を使う前に、必ず一度中華鍋を熱し、150cc程度の油を入れて全体になじませ、油を容器にもどすという作業を2〜3度くり返すことをいうのだそうです。

中華鍋を使う前に必ずこうすることで、油の膜をつくり、サビや焦げつきを防ぐことができるのです。

鍋は素材選びもポイント

鍋を選ぶ基準は人それぞれですが、私が譲れないのは、かんたんに洗えること。

ホーローやガラスは、固いものでこするとキズがつくことがあり、ぶつけたり落としたりすると、割れたりかけたりといったことも起こるので、うっかり者の私には不向きとあきらめました。熱伝導性に優れたダッチオーブンや鍋物に使われる鉄鍋も、重くてもち運びが大変なうえ、サビ対策に頭を悩ませることになりそうなので却下。

銅の鍋にもたくさんの注意点があるので、私は手を出さないようにしていますし、アルミのお鍋もお手入れに重曹が使えないので、どうしても避けてしまいます。

そう考えてくると、私の鍋はいつのまにかステンレスばかりになってしまいました。

鍋の素材は、鍋の用途と深く結びついています。自宅でよく登場する料理に適した素材はどんなものか、自分にとって譲れないポイントは何かを考えて鍋を選ぶというのも、忘れてはいけない視点のように思います。

銅の鍋の内側
（ステンレス）

○ ちょこちょこ掃除

重曹　ポンポンたわし　布

❶ 全体にうっすらと重曹を振りかけます。
❷ 軽く水でぬらしたポンポンたわしで、汚れをこすり落とします。
❸ 水ですすぎ、すぐに布でよく拭いて仕上げます。

> ❗ 水分が残っていると緑青（ろくしょう）やサビが出ることがあります。洗ったあとはすぐに布でよく拭いて、水気が残らないようにします。

● しっかり掃除

水　重曹　ポンポンたわし　布

❶ 汚れや焦げた部分の上まで水を入れます。
❷ 重曹大さじ２を加えて、沸騰させます。
❸ １分ほど煮立ててから火を止め、ひと晩おきます。
❹ 重曹水を流し、焦げついた部分にうっすらと重曹をかけ、ポンポンたわしでこすり落とします。
❺ 水ですすぎ、すぐに布でよく拭いて仕上げます。

銅の鍋の内側
（錫引きまたは錫メッキ）

○ ちょこちょこ掃除

ポンポンたわし　布

❶ 軽く水でぬらしたポンポンたわしで、汚れをこすり落とします。
❷ 水ですすぎ、すぐに布でよく拭いて仕上げます。

● しっかり掃除

石けん　ポンポンたわし　布

❶ 石けんをつけて泡立てたポンポンたわしで、汚れをこすり落とします。
❷ 水ですすぎ、すぐに布でよく拭いて仕上げます。

> **お掃除のヒント**
> 錫(すず)のメッキは、固いものでこするとキズがついたり、はげたりしてしまいます。ステンレスのたわしやクレンザーの使用は禁物。メーカーによってはメンテナンスを引きうけてくれるところもあるので、購入する際はアフターケアも視点に入れたいものです。

銅の鍋の外側

○ ちょこちょこ掃除

重曹　ポンポンたわし　布

❶ 全体にうっすらと重曹を振りかけます。
❷ 軽く水でぬらしたポンポンたわしで、汚れをこすり落とします。
❸ 水ですすぎ、すぐに布でよく拭いて仕上げます。

● しっかり掃除

重曹　レモン　塩

ポンポンたわし　布

❶ 全体にうっすらと重曹を振りかけます。
❷ 軽く水でぬらしたポンポンたわしで、汚れをこすり落とします。
❸ 水ですすぎます。
❹ レモンを2つに切って、切り口に塩をつけます。
❺ ❹で全体をこすり、くすみをとります。
❻ 水ですすぎ、すぐに布でよく拭いて仕上げます。

> **酢と塩で銅のお手入れ**
> アメリカでは銅の鍋の手入れといえば、レモンと塩が定番のようですが、くすみがなかなかとれない時などの奥の手として紹介されるのが酢と塩のペーストです。
> 塩小さじ1を酢250ccに溶かします。これに小麦粉を大さじ4を溶かして、ペーストをつくります。それを鍋の外側に塗りつけて、15〜30分おきます。いってみれば酢と塩のパックです。

キッチン / リビング / ダイニング / 個室 / バスルーム / 洗面所 / トイレ / 玄関

サイドタブ: 電気ポット / オーブントースター / コーヒーメーカー / フードプロセッサー / 食器洗い機 / 鍋 / オイルポット / まな板・包丁 ▼

最後は水で洗って布で拭き、よく乾かして仕上げます。

小麦粉はペーストにして鍋にぬった時に落ちないようにするために加えます。まぜながら、したたり落ちにくく、なおかつぬりやすい固さになるまで加えます。

アルミの鍋

○ ちょこちょこ掃除

ポンポンたわし

❶ 使ったらすぐに水をかけ、ポンポンたわしで、汚れをこすり落とします。

❷ 水ですすぎ、よく乾かして仕上げます。

アルミの鍋の黒ずみ防止策

アルミの鍋は酸化して黒ずみやすいので、はじめて使う前に、米のとぎ汁をいっぱいまで入れ、10分ほど煮立たせるとよいといわれます。こうすることで、鍋の内側に保護膜のようなものができて、黒ずみにくくなります。

● しっかり掃除

水　木ベラ

❶ 汚れや焦げた部分の上まで水を入れます。

❷ 弱火で30分ほど煮ます。

❸ 焦げがふやけてきたら、木ベラでこすり落とします。

❹ 汚れが残っている場合は、❶〜❸をくり返します。

❺ 水ですすぎ、よく乾かして仕上げます。

お掃除のヒント

木ベラを使うのは、キズがつきにくいからです。金属製のヘラや金たわしは鍋をキズつけてしまうことがあるので、避けてください。

アルミの鍋は石けんでお手入れ

アルミの鍋のお掃除には、重曹は使えません。黒ずんでしまうからです。アルミの鍋をお手入れをするのに使えるのは、石けんくらいです。

また、酢や醤油を使った料理を、鍋に入れたままにしておくと、変色の原因になてしまいます。重曹はダメ、酢もダメ、塩もダメ……。

ということは、お料理にもいろいろ制約が出てきます。使う時に「これはアルミだから」と忘れずに配慮できる人は大丈夫だと思いますが、私のようなうっかり者は、酢を入れて

からアルミの鍋だと思い出したりしそうです。そういう場合は、アルミの鍋を使うこと自体、避けたほうが賢明なのかもしれません。

ガラスの鍋

○ ちょこちょこ掃除

重曹　ポンポンたわし

❶ 全体にうっすらと重曹を振りかけます。
❷ 軽く水でぬらしたポンポンたわしで、汚れをこすり落とします。
❸ 水ですすぎ、よく乾かして仕上げます。

● しっかり掃除

水　重曹　ポンポンたわし

❶ 汚れや焦げた部分の上まで水を入れます。
❷ 重曹大さじ2を加えて、沸騰させます。
❸ 1分ほど煮立ててから火を止め、ひと晩おきます。
❹ 重曹水を流し、焦げついた部分にうっすらと重曹を振りかけ、ポンポンたわしでこすり落とします。
❺ 水ですすぎ、よく乾かして仕上げます。

ガラスの鍋ぶた

○ ちょこちょこ掃除

重曹　ポンポンたわし

❶ 全体にうっすらと重曹を振りかけます。
❷ 軽く水でぬらしたポンポンたわしで、汚れをこすり落とします。
❸ 水ですすぎ、よく乾かして仕上げます。

● しっかり掃除

石けん　重曹　ポンポンたわし

❶ 石けんをつけて泡立て、全体にうっすらと重曹を振りかけたポンポンたわしで、汚れをこすり落とします。

❷ 水ですすぎ、よく乾かして仕上げます。

お掃除のヒント

鍋本体は、ステンレスなどガラス以外の素材でも、ふたはガラスという鍋はたくさんあります。時々、油がついてガラス面が茶色く汚れて、中が見えにくくなっているガラスのふたを見かけます。かなりひどい汚れでも、一度しっかり掃除をすれば、薄く膜がかかったような汚れを落とすことができます。その後は、使うたびに重曹でこすってお手入れすれば、中身がはっきり見えるガラスのふたをキープできます。

土鍋

○ ちょこちょこ掃除

ポンポンたわし

❶ 軽く水でぬらしたポンポンたわしで、汚れをこすり落とします。
❷ 水ですすぎ、よく乾かして仕上げます。

● しっかり掃除

水　重曹　ポンポンたわし

❶ 水をはった鍋に重曹大さじ2を入れ、弱火にかけて沸騰させます。
❷ 数分煮立ててからお湯を捨て、ポンポンたわしで汚れをこすり落とします。
❸ 水ですすぎ、よく乾かして仕上げます。

お掃除のヒント

土鍋はカビが生えることがありますから、洗ったあとは、必ず十分に乾かしてからしまいます。

土鍋の底はゴシゴシ洗わない！

土鍋の底をさわってみると、ザラザラしていることに気がつきます。これは、底には釉薬（ゆうやく）がかかっていないため。つまり、土がむき出しの、補強されていない状態なのです。
そのため、底をゴシゴシこすったり、研磨力のあるものを使ったりするとキズがつき、結果的にひび割れの原因になったりすることがあります。水でザブザブ洗うのも、避けたほうがよさそうです。

土鍋は石けんでも洗わない！

韓国に行った時、ガイドさんと雑談をしていて、興味深い話を聞きました。土鍋を洗剤で洗うと、鍋に洗剤が吸収され、次の調理の時にそれが料理に溶けだすという実験をしたテレビ番組があったのだとか。それ以降、洗剤を使うことに慎重になった人が多いんですよ、という話でした。日本に帰って、友人にその話をすると、「土鍋は絶対に洗剤で洗っちゃだめ、とおばあちゃんがいってたわ」といわれました。そういうものか……とインターネットで調べてみると、若干そうした記述も見られましたが、今では洗剤のお手入れが定番になっているようでした。時間を経て、おばあちゃんの知恵も途絶えてしまったのでしょう。

確かに、水分を吸収しやすい土鍋のこと、洗剤を吸いこんでしまうこともありそうです。それがまったく溶けださないとはいいきれないかもしれません。

そう思うと、味に影響のありそうな石けんも、土鍋には使わないほうがいいかなぁ……という気になりました。以来私は、土鍋は、もっぱら重曹でお手入れするようにしています。

カレーのあとの鍋
（アルミ）

○ ちょこちょこ掃除

石けん　布　新聞紙　ポンポンたわし

❶ 布で鍋の中に残っているルウをこすりとり、新聞紙などにまとめて捨てます。

❷ 石けんをつけて泡立てたポンポンたわしで、汚れをこすり落とします。

❸ 水ですすぎ、すぐに布でよく拭いて仕上げます。

● しっかり掃除

小麦粉　石けん

布　新聞紙　ポンポンたわし

❶ 布で鍋の中に残っているルウをこすりとり、新聞紙などにまとめて捨てます。

❷ 全体にうっすらと小麦粉を振りかけます。

❸ 布で汚れをこすります。

電気ポット｜オーブントースター｜コーヒーメーカー｜フードプロセッサー｜食器洗い機｜**鍋**｜オイルポット｜まな板・包丁

❹ 石けんをよく泡立てたポンポンたわしで、全体をこすり落とします。
❺ 水ですすぎ、よく乾かして仕上げます。

> **お掃除のヒント**
> 重曹を使うと、黒ずんでしまうことのあるアルミ鍋。重曹を使わずに洗うには、油が固まる前にこすり落としてしまいたいもの。カレーをお皿によそったら、早めに鍋を洗ってしまいましょう。

カレーのあとの鍋
（アルミ以外）

○ ちょこちょこ掃除

重曹　石けん

布　新聞紙　ポンポンたわし

❶ 布で鍋の中に残っているルウをこすりとり、新聞紙などにまとめて捨てます。
❷ 全体にうっすらと重曹を振りかけます。
❸ 軽く水でぬらしたポンポンたわしで、汚れをこすります。
❹ 石けんをつけて泡立てたポンポンたわしで、全体をこすり落とします。
❺ 水ですすぎ、よく乾かして仕上げます。

● しっかり掃除

石けん　重曹

布　新聞紙　ポンポンたわし

❶ 布で鍋の中に残っているルウをこすりとり、新聞紙などにまとめて捨てます。
❷ 石けんをつけて泡立てたポンポンたわしで、全体に石けんをぬります。
❸ 汚れが柔らかくなり、浮きあがってきたら、うっすらと重曹を振りかけます。
❹ ❷で汚れをこすり落とします。
❺ 水ですすぎ、よく乾かして仕上げます。

> **お掃除のヒント**
> ルウが柔らかいうちは、ちょこちょこ掃除でお手入れします。時間がたって固まってしまうと、重曹をかけても吸いこまないので、先に石けんをかけて時間をおき、汚れを柔らかくしたところで重曹を振りかけます。

油を使った あとの鍋
（アルミ）

○ ちょこちょこ掃除

小麦粉　石けん

布　新聞紙　ポンポンたわし

❶ 布で鍋の中に残っているルウをこすりとり、新聞紙などにまとめて捨てます。
❷ 全体にうっすらと小麦粉を振りかけます。
❸ 布で汚れをこすり落とします。
❹ 石けんをつけて泡立てたポンポンたわしで、全体をこすり落とします。
❺ 水ですすぎ、よく乾かして仕上げます。

キッチン / リビング / ダイニング / 個室 / バスルーム / 洗面所 / トイレ / 玄関

素材別　鍋の特徴とお手入れの注意点

アルミニウムの鍋
- 軽くて安価だが、酸やアルカリに弱い。キズつきやすく、凹みやすい
- 重曹やクエン酸でお手入れしない

銅の鍋
- クエン酸に弱く、変色しやすい
- 変色させないため、こまめにメンテナンスを

鉄の鍋
- 丈夫で安価だが、ほかの鍋に比べると重く、サビやすい
- 酢を使わないでお手入れし、水分を残さない

ステンレスの鍋
- サビにくく、キズつきにくいが、焦げやすい
- 扱いやすさでは一番。焦げつきをこまめに落とすのがポイント

耐熱ガラスの鍋
- 酸にもアルカリにも強いが、急激な温度差や衝撃に弱い
- 熱い鍋にいきなり水をかけたり、落としたり、ぶつけたりしない

ホーローの鍋
- 酸にもアルカリにも強いが、キズつきやすい
- たわしなど固いものではこすらない

土鍋
- 酸にもアルカリにも強いが、急激な温度差や衝撃に弱い
- 熱い鍋にいきなり水をかけたり、落としたり、ぶつけたりしない

油を使った あとの鍋
（アルミ以外）

○ ちょこちょこ掃除

重曹　石けん

布　新聞紙　ポンポンたわし

❶ 布で鍋の中に残っているルウをこすりとり、新聞紙などにまとめて捨てます。
❷ 全体にうっすらと重曹を振りかけます。
❸ 軽く水でぬらしたポンポンたわしで、汚れをこすります。
❹ 石けんをつけて泡立てたポンポンたわしで、全体をこすり落とします。
❺ 水ですすぎ、よく乾かして仕上げます。

> **お掃除のヒント**
> 揚げ油がたくさん残っている場合は、事前に別の容器に移します。

オイルポット

オイルポット
（アルミ）
の内側

● しっかり掃除

小麦粉　石けん　ポンポンたわし　新聞紙

❶ 内側にうっすらと小麦粉を振りかけます。
❷ 小麦粉が油を吸いとったら、軽く水でぬらしたポンポンたわしで、汚れをこすり落とします。
❸ 汚れは古新聞などに包んで捨てます。
❹ 石けんをつけて泡立てたポンポンたわしで、汚れをこすり落とします。
❺ 水ですすぎ、よく乾かして仕上げます。

オイルポット（アルミ以外）の内側

● しっかり掃除

重曹　石けん　ポンポンたわし　新聞紙

❶　内側にうっすらと重曹を振りかけます。
❷　重曹が油を吸いとったら、軽く水でぬらしたポンポンたわしで、汚れをこすり落とします。
❸　汚れは古新聞などに包んで捨てます。
❹　石けんをつけて泡立てたポンポンたわしで、汚れをこすり落とします。
❺　水ですすぎ、よく乾かして仕上げます。

オイルポット（アルミ）の外側

○ ちょこちょこ掃除

小麦粉　ポンポンたわし　布

❶　全体にうっすらと小麦粉を振りかけます。
❷　軽く水でぬらしたポンポンたわしで、汚れをこすり落とします。
❸　軽く水でぬらし、固くしぼった布で、拭いて仕上げます。

● しっかり掃除

小麦粉　石けん　布　ポンポンたわし

❶　全体にうっすらと小麦粉を振りかけます。
❷　軽く水でぬらした布で、汚れをこすります。
❸　石けんをつけて泡立てたポンポンたわしで、汚れをこすり落とします。
❹　水ですすぎ、よく乾かして仕上げます。

オイルポット（アルミ以外）の外側

○ ちょこちょこ掃除

重曹　ポンポンたわし

❶ 軽く水でぬらし、うっすらと重曹を振りかけたポンポンたわしで、汚れをこすり落とします。
❷ 水ですすぎ、よく乾かして仕上げます。

● しっかり掃除

石けん　重曹　ポンポンたわし　布

❶ 石けんをつけて泡立てたポンポンたわしで、汚れの気になる部分に石けんをぬります。
❷ 汚れが柔らかくなり、浮きあがってきたら、全体にうっすらと重曹を振りかけたポンポンたわしで、汚れをこすり落とします。
❸ 布で汚れを拭きとります。
❹ 汚れが残っている場合は、❶～❸をくり返します。
❺ 水ですすぎ、よく乾かして仕上げます。

捨ててよかった……

どんなに気をつけて使っていても、いつのまにかまわりも底もベトベトになってしまうのが、オイルポットです。お掃除の講座の時に登場するオイルポットを見ていても、ベトベトのものが大多数。油を入れておくところですから、これはあきらめるしかないのかもしれません。

ベトつくのがイヤなら、こまめに洗えばいいんでしょうけれど、オイルポットを洗う時間があったら、キッチンでお掃除しなければならないところは、もっといろいろありそうです。

それならいっそ、オイルポットをやめてしまったらどうかしら？　そう思って処分して何年か経ちます。そして、実はキッチンのもので捨てて一番スッキリした、大正解だったと思っているのが、このオイルポットです。だって、キッチンの隅が恐ろしく油だらけで、いつのまにか汚れやほこりを吸いこむブラックボックスになってしまうという事態から、解放されたのですから。

まな板・包丁

木のまな板

○ ちょこちょこ掃除

ポンポンたわし

❶ 全体を軽く水でぬらし、ポンポンたわしで汚れをこすり落とします。
❷ 水ですすぎ、よく乾かして仕上げます

● しっかり掃除

塩　ポンポンたわし

❶ 全体を軽く水でぬらし、うっすらと塩を振りかけます。
❷ ポンポンたわしで汚れをこすり落とします。
❸ 水ですすぎ、よく乾かして仕上げます。

> ⚠ ワックスがかかっていない木は、重曹をかけると、黒ずむことがあります。

プラスチックのまな板

○ ちょこちょこ掃除

ポンポンたわし

❶ 全体を軽く水でぬらし、ポンポンたわしで汚れをこすり落とします。
❷ 水ですすぎ、よく乾かして仕上げます

● しっかり掃除

重曹　ポンポンたわし

❶ 全体を軽く水でぬらし、重曹を振りかけたポンポンたわしで汚れをこすり落とします。
❷ 水ですすぎ、よく乾かして仕上げます。

キッチン | リビング | ダイニング | 個室 | バスルーム | 洗面所 | トイレ | 玄関

包丁

○ ちょこちょこ掃除

ポンポンたわし

---

❶ 全体を軽く水でぬらし、ポンポンたわしで汚れをこすり落とします。

❷ 水ですすぎ、よく乾かして仕上げます。

● しっかり掃除

重曹　熱いお湯　ポンポンたわし

---

❶ 全体を軽く水でぬらし、ポンポンたわしで汚れをこすり落とします。

❷ 全体にうっすらと重曹を振りかけます。

❸ 刃と柄の付け根をよくこすります。

❹ 生肉や生魚を切ったあとは、熱いお湯を、刃、柄ともにかけます。

❺ 水ですすぎ、よく乾かして仕上げます。

包丁の刃を研いでみよう

包丁は、洗うだけでは次第に切れ味が悪くなってきます。そこで、1～2カ月に1回を目安に、砥石で包丁の刃を研ぐようにしています。包丁を研ぐコツは、包丁を少し傾けた状態で砥石に刃をあて、研いでいくこと。砥石は、事前に十分ぬらしておきます。

洋包丁と和包丁では、手順が違います。日本橋にある刃物の老舗「木屋」のホームページを見ると、それぞれの詳しい手順が出ているので参考にしてください。

ちなみに木屋では、不定期ですが、閉店後に希望者を集めて包丁の研ぎ方教室を開いています。研ぎ方、角度など、ほぼマンツーマンで教えてくれます。もっていく包丁は木屋のものでなくても大丈夫。何本かもっていって、じっくり教えてもらうのも一案ですね。

コツを覚えれば素人でもできる包丁研ぎ。やり方を覚えて、こまめにメンテナンスすることは、ものを長持ちさせる第一歩です。使い捨て文化の横行する日本ですが、メンテナンスの仕方を覚えて、いいものを大事に長く使う。そんなものづきあいをしたいものです。

キッチン小物

製氷皿

○ ちょこちょこ掃除

クエン酸水　ポンポンたわし

❶ 全体にクエン酸水をスプレーし、ポンポンたわしでこすります。
❷ 水ですすぎ、よく乾かして仕上げます。

● しっかり掃除

クエン酸水

❶ 製氷皿いっぱいにクエン酸水を入れます。
❷ 2時間ほどおきます。
❸ 水ですすぎ、よく乾かして仕上げます。

おろし器

○ ちょこちょこ掃除

シュロのたわし

❶ 軽く水でぬらしたシュロのたわしで、汚れをこすり落とします。
❷ 水ですすぎ、よく乾かして仕上げます。

● しっかり掃除

重曹　シュロのたわし

❶ 全体にうっすらと重曹を振りかけます。
❷ 軽く水でぬらしたシュロのたわしで、汚れをこすり落とします。
❸ 水ですすぎ、よく乾かして仕上げます。

キッチン｜リビング｜ダイニング｜個室｜バスルーム｜洗面所｜トイレ｜玄関

│まな板・包丁│キッチン小物│食器│生ゴミのカゴ│床│壁・天井│

> **お掃除のヒント**
>
> おろし器は、プラスチックやアルミ、陶器などいろいろなものがあります。プラスチックは固いものでこすったり力を入れすぎたりするとキズがつくことがありますから要注意。金のたわしはプラスチックのおろし器には使えません。そこで、シュロのたわしを試してみました。洗いはじめたころは恐る恐るでしたが、思ったほどキズもつかず、最近はもっぱら重曹とシュロのたわしを愛用しています。食器洗い機で洗ったり、熱湯消毒のできるシュロのたわしは、おろし器のように凹凸のあるものをこするにはもってこいです。使いおわったら熱いお湯を回しかけ、天日で干すか、食器洗い機で洗って日に当てます。
>
> 日ごろキッチンの道具はできるだけ増やしたくないと思っていますが、ざるやおろし器などを手洗いすることを考えると、水切れがよくて柔らかいシュロのたわしは、ひとつあると便利です。

すり鉢

○ ちょこちょこ掃除

シュロのたわし

❶ 軽く水でぬらしたシュロのたわしで、汚れをこすり落とします。
❷ 水ですすぎ、よく乾かして仕上げます。

● しっかり掃除

重曹　シュロのたわし

❶ 全体にうっすらと重曹を振りかけます。
❷ 軽く水でぬらしたシュロのたわしで、汚れをこすり落とします。
❸ 水ですすぎ、よく乾かして仕上げます。

水切りラック

○ ちょこちょこ掃除

ポンポンたわし

❶ 全体を水でぬらし、ポンポンたわしで汚れをこすり落とします。
❷ 水ですすぎ、よく乾かして仕上げます。

● しっかり掃除

重曹　熱いお湯　ポンポンたわし

❶ とり外せるものはとり外します。
❷ 全体を軽く水でぬらし、重曹を振りかけたポンポンたわしで、汚れをこすり落とします。
❸ 全体に熱いお湯をかけ、よく乾かして仕上げます。

> ❗ プラスチックは耐熱温度を確認してから、適した温度のお湯をかけてください。

ポンポンたわし

○ ちょこちょこ掃除

熱いお湯　ボウル

❶ ボウルにポンポンたわしを入れ、熱いお湯をかけます。
❷ 冷めるまで待って水ですすぎ、よく乾かして仕上げます。

> **お掃除のヒント**
> 食器洗い機があれば、食器を洗う時にポンポンたわしも入れて一緒に洗ってしまいましょう。高温で洗ってくれるので、殺菌になります。洗浄が終わったら水気をよく切って、乾かします。

● しっかり掃除

クエン酸水　塩　熱いお湯　ボウル

❶ ボウルにクエン酸水200ccと塩大さじ1/2を入れて、溶かします。
❷ ポンポンたわしを入れて、ひと晩おきます。
❸ 翌朝、クエン酸水を流します。

キッチン
リビング
ダイニング
個室
バスルーム
洗面所
トイレ
玄関

❹ ボウルにポンポンたわしを入れ、熱いお湯をかけます。
❺ 冷めるまで待って水ですすぎ、よく乾かして仕上げます。

スポンジケース

〇 ちょこちょこ掃除

重曹　熱いお湯　ポンポンたわし

❶ とり外せるものはとり外します。
❷ 全体を軽く水でぬらし、重曹を振りかけたポンポンたわしで、汚れをこすり落とします。
❸ 全体に熱いお湯をかけ、よく乾かして仕上げます。

急須

● しっかり掃除

重曹

❶ 茶渋のついた部分を、軽く水でぬらします。
❷ 茶渋に重曹を振りかけ、指で汚れをこすり落とします。
❸ 水ですすぎ、よく乾かして仕上げます。

Q どんな茶渋でも落とすことができますか？

A 実際に試してみると、かなり頑固な茶渋でも、塩素系の漂白剤などの薬剤を使わずに、重曹の研磨力で落とすことができます。ただし、急須のふたなど、こすれてキズになったところに茶渋が入ってしまうと、キズの中のものまではかき出せないので、きれいに落とすことはできません。
キズをつけないように食器類を使うこと、そして、キズの中に茶渋がついてしまう前にこまめにお手入れをすることが大切です。

茶漉し

○ ちょこちょこ掃除

ポンポンたわし

❶ 茶殻を捨てます。
❷ 底を上にむけ、逆さの状態で水をかけ、ポンポンたわしで汚れをこすり落とします。
❸ 水ですすぎ、よく乾かして仕上げます。

● しっかり掃除

重曹　ポンポンたわし

❶ 茶殻を捨てます。
❷ 底を上にむけ、逆さの状態で水をかけ、全体に重曹を振りかけます。
❸ ポンポンたわしで汚れをこすり落とします。
❹ 細かい部分は指を使って、汚れをこすり落とします。
❺ 水ですすぎ、よく乾かして仕上げます。

茶漉しの茶渋は？

汚れものをもち寄って落とすというお掃除実習講座をすることがあります。この時にみなさんがよくおもちになるのが、茶渋で茶色や黒に変色した茶漉しです。

この茶渋、落とせますか？というわけです。

茶漉しの素材や形状にもよりますが、白いポリエステルのフィルターについた茶渋は、正直なところ、とるのは非常に困難です。

細かい網目に付着した茶渋を重曹でこすり落とすには恐ろしく時間と根性が必要です。

私自身は、ポットに茶渋がついているのは気になるのでこすり落としますが、茶漉しは茶渋がついていてもあまり気になりません。茶漉しに茶渋はつきものだと思っているので、茶渋を落とす必要を感じたことはありませんでした。

どうしても茶漉しの茶渋を落としてピカピカにしたいのであれば、一度新しい茶漉しをお求めになって、今後はそれを使うたびに、重曹でていねいに磨いてはどうでしょうかと提案しています。

ざる

〇 ちょこちょこ掃除

シュロのたわし

❶ 軽く水でぬらしたシュロのたわしで、全体をこすります。
❷ 水ですすぎ、よく乾かして仕上げます。

● しっかり掃除

重曹　洗い桶　シュロのたわし

❶ 洗い桶に水を入れ、ざるを沈めます。
❷ 水中で、こびりついた汚れをシュロのたわしでこすり落とします。
❸ 水から出して、全体にうっすら重曹を振りかけ、シュロのたわしでこすります。
❹ 水ですすぎ、よく乾かして仕上げます。

ざるをラクに洗う

ラクに洗いたいと思ったら、針金で編んだようなメッシュのざるは賢い選択とはいえません。穴あきステンレス板を加工したパンチングストレーナーだと、凹凸が少なく、洗うには便利です。
メッシュに汚れが入りこんでしまったら、「しばらく水につけて汚れを柔らかくしてからこする」と私がいったら、友人が「でも、水からあげる時、全部またくっついちゃうから同じじゃない？」といい出しました。
水につけた状態からそのままもち上げると、確かに浮きあがったゴミはそのままざるについてしまいます。
「そうならないようにするには、ざるをちょっと傾けて、ゴミが底にもどってこないようにすればいいんじゃないの？」
「どうやって？」
「90度傾けて持ちあげれば？」
「あ〜なるほどね！」
そんなやりとりをしました。
「でもね、そんなこと考えながら、時間をかけて洗うくらいなら、パンチングストレーナーのざるに変えてみたほうがいいかもよ」と私は最後に思わずそういいそえてしまいました。ざるをよく使う人には、ざるそのものを見直すことも考えていただきたいと思います。

まな板・包丁 / キッチン小物 / 食器 / 生ゴミのカゴ / 床 / 壁・天井

保存容器

〇 ちょこちょこ掃除

石けん　ポンポンたわし

❶ 軽く水でぬらし、石けんをつけたポンポンたわしで、汚れをこすり落とします。
❷ 水ですすぎ、よく乾かして仕上げます。

● しっかり掃除

熱いお湯　重曹

❶ 容器8分目まで熱いお湯を入れ、重曹大さじ2〜3を振りかけます。
❷ 容器のふたをして、よく振り、重曹を溶かします。
❸ 2時間ほどおいてから重曹水を流し、水ですすぎます。
❹ においが残っている場合は、❶〜❸をくり返し、ひと晩おいてから、水ですすぎ、よく乾かして仕上げます。

食器 — ガラスのコップ

〇 ちょこちょこ掃除

重曹　ポンポンたわし

❶ 軽く水でぬらし、重曹を振りかけたポンポンたわしで、汚れをこすり落とします。
❷ 水ですすぎ、よく乾かして仕上げます。

● しっかり掃除

水　クエン酸　ボウル　クリーニングクロス

❶ コップやグラスが浸かる大きさのボウルを用意します。
❷ 水を入れ、クエン酸大さじ1を溶かします。
❸ コップを沈め、2時間ほどおきます。

キッチン／リビング／ダイニング／個室／バスルーム／洗面所／トイレ／玄関

❹ 水ですすぎ、クリーニングクロスで磨いて仕上げます。
❺ くすみがとれるまで、❷〜❹をくり返します。

> ❗ 頑固なくすみの時は、クエン酸を大さじ2にします。

漆の食器

○ ちょこちょこ掃除

石けん　ポンポンたわし　布

❶ 軽く水でぬらし、石けんをつけて泡立てたポンポンたわしで、汚れをこすり落とします。
❷ 水ですすぎ、すぐに布でよく拭いて仕上げます。

> ❗ 漆の食器は、食器洗い機や電子レンジには使えません。

お掃除のヒント
器に入れるものが、油を使った料理でなければ、ポンポンたわしとぬるま湯で汚れを落とせば十分です。油を使った時だけ、石けんを使います。

意外にかんたん！？
漆器のお手入れ

お手入れが大変！　そんな先入観があって、ふだんづかいにしたいとは絶対に思わなかった漆の食器。先日、知人たちの集まりに木曽の山加荻村漆器店の社長夫人が来て、扱い方を説明してくださるというので、私も参加させてもらいました。

実際に聞いてみると、水とアクリルたわしでのお手入れが基本とのこと。あとはちゃんと乾かせば、それで十分とのことでした。

油を使ったお料理も大丈夫ですよ、あとはふつうの食器のように洗って、といわれて、肩の力がスーっと抜け、思わず吸い物椀を買ってしまいました。

絶対に入れちゃいけないのが食器洗い機と電子レンジといういいつけを守り、手洗いして、布巾ですぐに拭くという作業はしていますが、

それ以外は、拍子抜けするほどラクチンです。漬けっぱなし、汁物を入れてひと晩おきっぱなしなどの「パナシ」はできませんが、それ以外は、さしたる配慮をせず、ふつうに使っています。

陶器・コレールの食器

○ ちょこちょこ掃除

石けん　ポンポンたわし

----

❶ 軽く水でぬらし、石けんをつけて泡立てたポンポンたわしで、汚れをこすり落とします。

❷ 水ですすぎ、よく乾かして仕上げます。

◆ 速攻掃除

重曹　石けん

ゴムベラ　ポンポンたわし　布

----

❶ 全体にうっすらと重曹を振りかけます。

❷ 油がたっぷりついている場合は、重曹を振りかけ、ゴムベラで汚れをこすり落とします。

❸ 軽く水でぬらし、石けんをつけて泡立てたポンポンたわしで、汚れをこすり落とします。

❹ 水ですすぎ、すぐに布でよく拭いて仕上げます。

大活躍のゴムベラ

陶器の食器、特にお皿には、いろいろなお料理をのせますから、食事のあとのお皿には、汁気や食べのこし、ソース類などが残っていることが多いもの。それを一度キッチンペーパーで拭きとってから洗えば、手で洗う時も作業はグンとラクになりますし、食器洗い機なら洗剤を入れないで洗えます。

とはいえ、毎回すべての食器をキッチンペーパーで拭きとるのでは、結構なゴミが出ますし、資源も無駄です。そこで私はキッチンペーパーのかわりに、ゴムベラでこすり落とすようにしています。特にケチャップやカレー、デミグラスソースなどがついた時には、ゴムベラが威力を発揮してくれます。ゴムベラでこすりとってから洗うのと、そのままいきなり洗うのでは、洗う手間は大違い。お料理やお菓子づくりに使うシリコン製のゴムベラでも、汚れは結構こすり落とせます。ただ、もち手が長いと食器の形によってはこすり落としにくいこともあるので、食器洗い用の小さなゴムベラがひとつあると便利です。

まな板・包丁 | キッチン小物 | 食器 | 生ゴミのカゴ | 床 | 壁・天井

プラスチックの食器

○ ちょこちょこ掃除

石けん　ポンポンたわし

❶　軽く水でぬらし、石けんをつけたポンポンたわしで、汚れをこすり落とします。
❷　水ですすぎ、よく乾かして仕上げます。

◆ 速攻掃除

重曹　石けん　ゴムベラ　ポンポンたわし

❶　全体にうっすらと重曹を振りかけます。
❷　油がたっぷりついている場合は、ゴムベラで汚れをこすり落とします。
❸　軽く水でぬらし、石けんをつけて泡立てたポンポンたわしで、汚れをこすり落とします。
❹　水ですすぎ、よく乾かして仕上げます。

食器洗い機のススメ

家電メーカーのまわしものではありません。むしろ家電は苦手。でも、食器洗い機は、掃除機よりも、炊飯器よりも、電子レンジよりも、活用度が高く、冷蔵庫と並ぶわが家の必需品。洗いものが苦手、手あれがひどいという方には、声を大にしてオススメしたいのが食器洗い機です。ひとつには、同じお湯を使って狭い空間の中で洗うので、流水で手洗いするよりかなり節水になります。また、素手では洗えない高温で洗ってくれることも、食中毒が気になる時期にはありがたいことです。

でも、食器洗い機は専用の洗剤を使わないと落ちないでしょう？　そんな声も多いのですが、私、洗剤なしの食器洗い機歴、すでに……5年？　8年？　そんな状態です。食器をいったん浸けおきして、ポンポンたわしでこすり洗いしてからセットすれば、それだけでほとんどの汚れは落とすことができます。落ちにくいものや油汚れがひどいものだけ、重曹を少量振りかけてゴムベラで汚れをこすり落としてからセットしています。

先日そんな話をお掃除講座でしたところ、それでは殺菌にならないのでは？という質問が出ました。が、60〜80℃のお湯である程度の時間洗っていますから、多くの雑菌は死滅します。それに、日々の食事に使う道具は、雑菌だらけの川の水で洗うのではなく、上水道の水を使って洗い、汚れがきちんと落ちていて、衛生的にしまってあれば、健康な人ならば、わざわざ殺菌などしなくても大丈夫なのです。

生ゴミのカゴ

プラスチックの三角コーナー

〇 ちょこちょこ掃除

熱いお湯　ポンポンたわし

❶ 生ゴミを捨てます。
❷ ポンポンたわしで汚れをこすり落とします。
❸ 熱いお湯をかけます。

> **お掃除のヒント**
> 生ゴミをこすり落とすので、私は、専用のポンポンたわしを用意しておくようにしています。

● しっかり掃除

重曹　熱いお湯　ポンポンたわし　歯ブラシ

❶ 生ゴミを捨てます。
❷ 全体に重曹を振りかけ、ポンポンたわしでこすります。
❸ 細かい部分は、歯ブラシを使います。
❹ 熱いお湯をかけます。

ステンレスの三角コーナー

〇 ちょこちょこ掃除

熱いお湯　ポンポンたわし

❶ 生ゴミを捨てます。
❷ ポンポンたわしで汚れをこすり落とします。
❸ 熱いお湯をかけます。

● しっかり掃除

重曹　熱いお湯　ポンポンたわし　歯ブラシ

❶ 生ゴミを捨てます。
❷ 全体に重曹を振りかけ、ポンポンたわしでこすります。
❸ 細かい部分は、歯ブラシを使います。
❹ 熱いお湯をかけます。

銅の三角コーナー

○ ちょこちょこ掃除

熱いお湯　ポンポンたわし

❶　生ゴミを捨てます。
❷　ポンポンたわしで汚れをこすり落とします。
❸　熱いお湯をかけます。

● しっかり掃除

重曹　塩　クエン酸

ポンポンたわし　歯ブラシ　布

❶　生ゴミを捨てます。
❷　全体に重曹を振りかけ、ポンポンたわしでこすります。
❸　細かい部分は、歯ブラシを使います。
❹　軽く水で流してから、全体に塩を振りかけます。
❺　さらにクエン酸を振りかけ、軽く水でぬらした布でこすると、きれいな銅の色がもどってきます。

> **お掃除のヒント**
> 使いおわったカボスやレモンの切り口に、塩をつけてこするのも効果的です。

三角コーナーをやめてみる

講演などでお話を伺うと、三角コーナーにじかに生ゴミを捨てているという人は少なく、たいていは水切りネットをセットして、そこにゴミを捨て、ある程度ゴミがたまったところで、水切りネットをはずして捨てているようでした。

朝食の準備など、一度に大量の生ゴミは出ないご家庭も多いでしょう。まだたくさんゴミが捨てられる状態でも、とりあえず朝のゴミだけまとめて水切りネットを捨てますか？

そう聞くと、「それはもったいないからしません」「もう少し、ゴミがたまってから捨てます」という声の多いこと。

けれども、それをやっていると、朝出た生ゴミは、半日以上三角コーナーに放置されたまま。それではぬめりが出たり、においてきても仕方ありません。

特に、三角コーナーはシンクの中におきますから、洗いもので水を使った時などに、水がはねてぬれてしまいます。いろいろ考えて、いっそ、三角コーナーを使う習慣をやめたらキッチンはずいぶんすっきりするのではないかという気になり、私は三角コーナーをやめてみました。

すると、半日放置されてイヤなにおいがすることもなければ、まだたく

さん入る水切りネットをもったいないと思いながら捨てることもなくなり、洗う手間もなくなりました。さらに水切りネット代が節約に。今は浅い生ゴミカゴ（P.100参照）を愛用しています。

❹ 熱いお湯をかけます。

> ❗ プラスチックは耐熱温度を確認してからお湯をかけてください。

プラスチックの排水口の生ゴミカゴ

〇 ちょこちょこ掃除

熱いお湯　ポンポンたわし

❶ 生ゴミを捨てます。
❷ ポンポンたわしで汚れをこすり落とします。
❸ 熱いお湯をかけます。

● しっかり掃除

重曹　熱いお湯　ポンポンたわし　歯ブラシ

❶ 生ゴミを捨てます。
❷ 全体に重曹を振りかけ、ポンポンたわしでこすります。
❸ 細かい部分は、歯ブラシを使います。

スレンレスの排水口の生ゴミカゴ

〇 ちょこちょこ掃除

熱いお湯　ポンポンたわし

❶ 生ゴミを捨てます。
❷ ポンポンたわしで汚れをこすり落とします。
❸ 熱いお湯をかけます。

● しっかり掃除

重曹　熱いお湯　ポンポンたわし　歯ブラシ

❶ 生ゴミを捨てます。
❷ 全体に重曹を振りかけ、ポンポンたわしでこすります。
❸ 細かい部分は、歯ブラシを使います。
❹ 熱いお湯をかけます。

浅い生ゴミカゴを使う

排水口にセットする生ゴミカゴは、たいてい深さが20cmほど。そこに水切りネットをセットしてゴミを入れ、カゴがいっぱいになったらゴミを捨てるというケースが多いのではないでしょうか。

その間、生ゴミは何度も水に洗いながされ、少しずつ排水に流れていきますし、ぬれたままの生ゴミは、焼却炉へのダメージも大きいといわれています。また、においの原因、ゴミ箱の汚れの原因にもなってしまいます。

私は生ゴミカゴを浅いものに変え、大きな生ゴミは、かんたんゴミ箱（P.101参照）へ入れるようにしています。こうすることで、生ゴミカゴにたまるゴミの量は激減します。浅い生ゴミカゴなら、少しでもゴミがたまったら見てすぐにわかりますし、あまりゴミがたまっていないのに捨てるのは水切りネットがもったいないと躊躇をすることなく、ゴミを捨てることができます。

こうすることで、ゴミのぬれっぱなしも防げますし、カゴから引きあげた生ゴミの入った水切りネットの水を切るといった作業もなくなります。生ゴミカゴが、ゴミを捨てるところから、排水口に流れ落ちてしまいそうな生ゴミをストップするところに変わると、生ゴミカゴの手入れはずいぶんラクになります。

銅製の排水口の生ゴミカゴ

○ ちょこちょこ掃除

熱いお湯　ポンポンたわし

❶ 生ゴミを捨てます。
❷ ポンポンたわしで汚れをこすり落とします。
❸ 熱いお湯をかけます。

● しっかり掃除

重曹　塩　クエン酸

ポンポンたわし　歯ブラシ　布

❶ 生ゴミを捨てます。
❷ 全体に重曹を振りかけ、ポンポンたわしでこすります。
❸ 細かい部分は歯ブラシを使います。
❹ 軽く水で流してから、全体に塩を振りかけます。
❺ さらにクエン酸を振りかけ、軽く水でぬらした布でこすると、きれいな

銅の色が戻ってきます。

生ゴミのにおい

◆ 速攻掃除

クエン酸水　塩

❶ クエン酸水 200cc に塩大さじ 1/2 を入れて、塩を溶かします。
❷ 生ゴミの上から、1 日に数回スプレーします。
❸ 水気を十分に切ってからゴミを捨てます。

かんたんゴミ箱

三角コーナーや排水口など、水のそばに生ゴミをおいておくと、どうしてもぬれて腐敗がすすみ、イヤなにおいがしてきます。できるだけぬらさないようにすることで、においの発生をおさえることができます。
調理の時は、皮やヘタを乾いた状態でとり除いてから切るようにし、むいた皮や切ったヘタは、片端から折り紙ゴミ箱へ。いっぱいになったらくるくると巻いて捨ててしまいます。以前、雑誌の取材でそんなお話をしたら、ゴミ箱を折るのは面倒だという意見が出ました。そこで、厚手の広告紙（新聞紙 1 面を半分に折ったくらいの大きさのもの）をバッテンの形に 2 枚重ねて、その中央にゴミをおき、小山ができたら、四隅を中央に畳みこんで捨てる方法を提案しました。
箱の形になっていると、ゴミがこぼれることがなく便利なので、個人的にはゴミ箱のほうが使い勝手はいいような気がしますが、広告紙のバッテンおきでも便利に使うことができます。

まな板・包丁 | キッチン小物 | 食器 | 生ゴミのカゴ | 床 | 壁・天井

床

フローリングの床

○ ちょこちょこ掃除（ほうきを使う）

茶殻　ほうき　ちりとり

❶ 茶殻は軽くしぼって、部屋の隅におきます。
❷ 家具の下などは、ほうきを差しこんで、ほこりを掃きだします。
❸ 茶殻を部屋全体に移動させるつもりで、すみずみまで掃きます。
❹ ほこりと茶殻を、ほうきでちりとりにとり、捨てます。

○ ちょこちょこ掃除（掃除機を使う）

掃除機

❶ 部屋の隅から、掃除機でほこりを吸いとります。
❷ 必要に応じて、家具を移動させて家具の下のほこりも吸いとります。

● しっかり掃除

クエン酸水　掃除機　雑巾モップ

❶ 部屋の隅から、掃除機でほこりを吸いとります。
❷ 必要に応じて、家具を移動させて家具の下のほこりも吸いとります。
❸ クエン酸水をスプレーしながら、雑巾モップで拭きます。

> ❗ 木の種類や状態によっては、シミになることがあります。必ず事前に目立たないところで試してから、作業をしてください。

レンジ周辺のフローリングの床

○ ちょこちょこ掃除

クエン酸水　雑巾モップ

❶ 油が飛びちったらすぐに、雑巾モップで拭きとります。
❷ クエン酸水をスプレーしながら、

再度雑巾モップで拭きます。

● **しっかり掃除**

スチームクリーナー　布

❶ 汚れをスチームクリーナーで吹きとばします。床用アタッチメントがある場合は、アタッチメントに布をセットし、床を拭きます。
❷ 乾いた布でていねいに乾拭きします。

> ⚠ ワックスによっては、スチームクリーナーが使えない場合があります。必ず事前に目立たないところで試してから、作業してください。

● **しっかり掃除**

石けん　重曹　クエン酸水

ポンポンたわし　布

❶ 石けんをつけて泡立て、重曹を振りかけたポンポンたわしで、汚れをこすり落とします。
❷ 布で汚れを拭きとります。
❸ クエン酸水をスプレーし、別の布で拭いて仕上げます。

コルクの床

○ **ちょこちょこ掃除（ほうきを使う）**

茶殻　ほうき　ちりとり

❶ 茶殻は軽くしぼって、部屋の隅におきます。
❷ 家具の下などは、ほうきを差しこんで、ほこりを掃きだします。
❸ 茶殻を部屋全体に移動させるつもりで、すみずみまで掃きます。
❹ ほこりと茶殻を、ほうきでちりとりにとり、捨てます。

○ **ちょこちょこ掃除（掃除機を使う）**

掃除機

❶ 部屋の隅から、掃除機でほこりを吸いとります。
❷ 必要に応じて、家具を移動させて家具の下のほこりも吸いとります。

● しっかり掃除

クエン酸水　掃除機　雑巾モップ

❶ 部屋の隅から、掃除機でほこりを吸いとります。
❷ 必要に応じて、家具を移動させて家具の下のほこりも吸いとります。
❸ クエン酸水をスプレーしながら、雑巾モップで拭きます。

レンジ周辺のコルクの床

○ ちょこちょこ掃除

クエン酸水　雑巾モップ

❶ 油が飛びちったらすぐに、雑巾モップで拭きとります。
❷ クエン酸水をスプレーしながら、再度雑巾モップで拭きます。

● しっかり掃除

石けん　クエン酸水　ポンポンたわし　布

❶ 石けんをつけて泡立てたポンポンたわしで、汚れをこすり落とします。
❷ 布で汚れを拭きとります。
❸ クエン酸水をスプレーし、別の布で拭いて仕上げます。

ビニールタイル・塩ビシートの床

○ ちょこちょこ掃除

茶殻　ほうき　ちりとり

❶ 茶殻は軽くしぼって、部屋の隅におきます。
❷ 家具の下などは、ほうきを差しこんで、ほこりを掃きだします。
❸ 茶殻を部屋全体に移動させるつもりで、すみずみまで掃きます。
❹ ほこりと茶殻を、ほうきでちりとりにとり、捨てます。

レンジ周辺のビニールタイル・塩ビシートの床

○ ちょこちょこ掃除

クエン酸水　雑巾モップ

❶ 油が飛びちったらすぐに、雑巾モップで拭きとります。
❷ クエン酸水をスプレーしながら、再度雑巾モップで拭きます。

● しっかり掃除

石けん　重曹　クエン酸水

ポンポンたわし　布

❶ 石けんをつけて泡立て、重曹を振りかけたポンポンたわしで、汚れをこすり落とします。
❷ 布で汚れを拭きとります。
❸ クエン酸水をスプレーし、別の布で拭いて仕上げます。

壁・天井

木の壁

○ ちょこちょこ掃除

羽根バタキ　ほうき　ちりとり

❶ 羽根バタキで上から下へ、壁面をなでるようにして、静かにほこりを落とします。
❷ 床に落ちたほこりを、ほうきでちりとりにとり、捨てます。

● しっかり掃除

石けん　重曹　クエン酸水

羽根バタキ　ポンポンたわし　布

❶ 羽根バタキで上から下へ、壁面をなでるようにして、静かにほこりを落とします。

キッチン

リビング

ダイニング

個室

バスルーム

洗面所

トイレ

玄関

まな板・包丁 | キッチン小物 | 食器 | 生ゴミのカゴ | 床 | 壁・天井

❷ 石けんをつけて泡立て、重曹を振りかけたポンポンたわしで、壁をたたくようにして、汚れを落とします。
❸ クエン酸水をスプレーした布で、壁をたたくようにして、汚れを拭きとります。
❹ 別の布で乾拭きして仕上げます。

> ❗ 水分が残っていると、木や壁紙を傷めることがあるので、十分に乾拭きをしてください。

壁紙

○ ちょこちょこ掃除

重曹　クエン酸水　ポンポンたわし　布

❶ 軽く水でぬらし、重曹を振りかけたポンポンたわしで、壁をたたくようにして、汚れを落とします。
❷ クエン酸水をプレーした布で、よく拭いて仕上げます。

● しっかり掃除

石けん　重曹　クエン酸水

ポンポンたわし　布

❶ 石けんをつけて泡立て、重曹を振りかけたポンポンたわしで、壁をたたくようにして、汚れを落とします。
❷ クエン酸水をスプレーした布で、壁をたたくようにして、汚れを拭きとります。
❸ 別の布で乾拭きして仕上げます。

タイルの壁

〇 ちょこちょこ掃除

重曹　クエン酸水　ポンポンたわし　布

❶ 軽く水でぬらし、重曹を振りかけたポンポンたわしで、汚れをこすり落とします。
❷ クエン酸水をスプレーし、布で拭いて仕上げます。

● しっかり掃除

石けん　重曹　クエン酸水

ポンポンたわし　布

❶ 石けんをつけて泡立て、重曹を振りかけたポンポンたわしで、壁をたたくようにして、汚れを落とします。
❷ クエン酸水をスプレーした布で、壁をたたくようにして、汚れを拭きとります。
❸ 別の布で乾拭きして仕上げます。

タイルの壁の目地

〇 ちょこちょこ掃除

石けん　重曹　クエン酸水

歯ブラシ　布

❶ 軽く水でぬらし、石けんをつけて泡立てた歯ブラシに重曹を振りかけます。
❷ ❶で汚れをこすり落とします。
❸ クエン酸水をスプレーした布で、よく拭いて仕上げます。

● しっかり掃除

スチームクリーナー

❶ スチームクリーナーに、細かいところを掃除する小型ブラシをとりつけます。
❷ スチームをかけながら汚れをこすり落とします。
❸ よく乾かして仕上げます。

キッチン　リビング　ダイニング　個室　バスルーム　洗面所　トイレ　玄関

サイドバー(縦書き): まな板・包丁 / キッチン小物 / 食器 / 生ゴミのカゴ / 床 / 壁・天井

> ⚠ 長時間高温のスチームをあてるのは、目地によくないので、手早く作業します。

お掃除のヒント
スチームクリーナーを使った掃除は、スチームクリーナーの大手メーカー・ケルヒャージャパンのウェブサイトで紹介されている方法です。ただし、セメントの一種でもある目地に高温を当てつづけるのは、目地によくないのではという声も大工さんからは聞かれました。スチームクリーナーを使う時は、できるだけ短時間で作業をするようにしてください。

天井

〇 ちょこちょこ掃除

羽根バタキ　ほうき　ちりとり

❶　一方向に羽根バタキを動かし、天井をなでるようにして、静かにほこりを落とします。
❷　床に落ちたほこりを、ほうきでちりとりにとり、捨てます。

● しっかり掃除

クエン酸水　羽根バタキ　雑巾モップ

❶　一方向に羽根バタキを動かし、天井をなでるようにして、静かにほこりを落とします。
❷　雑巾モップに、クエン酸水をスプレーします。
❸　❷を天井に密着させるようにして、天井の汚れをこすり落とします。

> ⚠ 壁や天井の種類や状態によっては、変色などをしてしまうことがあります。必ず事前に目立たないところで試してから、作業をしてください。

天井掃除は覚悟を決めて！
油ですすけ、汚れてしまいがちなキッチンの天井は、本当は重曹や石けんできれいにしたいところ。けれども、脚立がなければ掃除はできませんし、たとえ脚立があったとしても、かなりの一大事です。掃除する時は、覚悟が必要かなと思います。そこで今回は、雑巾モップでできるお掃除をご紹介しています。

リビング

リビングの主な汚れはほこりです。
はたきを使ったり、拭き掃除をして、
こまめに落としておきましょう。
人の出入りの多いリビングは、
手あかや家電製品の
静電気なども気になります。
汚れが目立ってくる前に
ちょこちょこお手入れできれば
理想的です。

側注: 電話機 / インターホン / ファンヒーター / エアコン / 除湿器 / テレビ / ビデオデッキ・DVDプレーヤー / テーブル ▼

電話機

電話機の本体・受話器

○ ちょこちょこ掃除

布

❶ 布で全体を乾拭きし、ほこりを落とします。

お掃除のヒント
「トレシー」や「あっちこっちふきん」といった商品名で販売されているクリーニングクロスで拭くと、ちょっとした手あかなども落ちるので、便利です。

● しっかり掃除

重曹　クエン酸水　布　綿棒

❶ 布で全体を乾拭きし、ほこりを落とします。

❷ 軽く水でぬらした指先に重曹をつけ、汚れをこすり落とします。

❸ プッシュホンのボタンなどの細かい部分は、軽く水でぬらし、重曹をつけた綿棒で、こすります。

❹ クエン酸水をスプレーした布で、よく拭いて仕上げます。

> ❗ 機械の内部に、水分や重曹が入らないように作業します。

家電製品はスイッチを切ってから
家電製品をお手入れする時は、スイッチを切り、通電していない状態で作業をします。安全のため、抜ける場合はプラグも抜いておきたいものです。

電話機と受話器のコード

○ ちょこちょこ掃除

布

❶ 布で全体を乾拭きし、ほこりを落とします。

● しっかり掃除

重曹　クエン酸水　布

❶ 布で全体を乾拭きし、ほこりを落とします。
❷ 軽く水でぬらし、重曹をつけた布で、コードを包みこむようにして汚れをこすり落とします。
❸ 布でプラグ周辺のほこりを、乾拭きします。
❹ クエン酸水をスプレーした別の布で、よく拭いて仕上げます。

家電掃除の基本は拭き掃除

プラスチックが多く使われている家電製品は、静電気やほこり、そして手あかなどでどうしても汚れます。ほこりや手あかは、拭けばかんたんに落ちますから、ためなければ一大事にはなりません。気がついた時に、ちょこちょこまめに拭き掃除。それさえやっていれば、しっかり掃除の多くは出番がなくなってしまいます。ちょこちょこ掃除の頻度を上げるには、乾拭き用の布を、家電製品のそばに常備しておくのが一番です。出しっぱなしにしておいても見苦しくない布という意味では、ボロ布などよりクリーニングクロスのほうがよいと思います。
おいておく場所がなければ、ひもでフックをつくって、手近なところにひっかけておくのも一案です。

インターホン

インターホンの本体・受話器

○ ちょこちょこ掃除

布

❶ 布で全体を乾拭きし、ほこりを落とします。

● しっかり掃除

重曹　クエン酸水　布　綿棒

❶ 布で全体を乾拭きし、ほこりを落とします。
❷ 軽く水でぬらした指先に重曹をつけ、汚れをこすり落とします。
❸ スイッチなどの細かい部分は、軽く水でぬらし、重曹をつけた綿棒で、こすります。
❹ クエン酸水をスプレーした布で、よく拭いて仕上げます。

キッチン
リビング
ダイニング
個室
バスルーム
洗面所
トイレ
玄関

> ⚠ 機械の内部に、水分や重曹が入らないように作業します。

インターホンの受話器のコード

〇 ちょこちょこ掃除

布

❶ 布で全体を乾拭きし、ほこりを落とします。

● しっかり掃除

重曹　クエン酸水　布

❶ 布で全体を乾拭きし、ほこりを落とします。
❷ 軽く水でぬらした指先に重曹をつけ、汚れをこすり落とします。
❸ プラグ周辺のほこりを、布で乾拭きします。
❹ クエン酸水をスプレーした布で、よく拭いて仕上げます。

ファンヒーター

ファンヒーターの本体

〇 ちょこちょこ掃除

羽根バタキ　布

❶ 上から下へ羽根バタキをかけ、ほこりを落とします。
❷ 布で乾拭きして仕上げます。

● しっかり掃除

重曹　クエン酸水

羽根バタキ　ポンポンたわし　布

❶ 上から下へ羽根バタキをかけ、ほこりを落とします。
❷ 軽く水でぬらし、重曹を振りかけたポンポンたわしで、汚れをこすり落とします。

❸ クエン酸水をスプレーした布で、よく拭いて仕上げます。

ファンヒーターのフィルター

○ ちょこちょこ掃除

歯ブラシ

❶ フィルターをとり外します。
❷ 歯ブラシでフィルターの汚れをこすり落とします。
❸ フィルター周辺の汚れも、歯ブラシでこすり落とします。
❹ フィルターをもとの位置にもどします。

● しっかり掃除

石けん　歯ブラシ　布

❶ フィルターをとり外します。
❷ 歯ブラシでフィルターの汚れをこすり落とします。
❸ 軽く水でぬらし、石けんをつけて泡立てた歯ブラシで、汚れをこすり落とします。
❹ 水ですすぎ、布でよく拭いて仕上げます。
❺ フィルターをもとの位置にもどします。

専門家に頼むお手入れ

ファンヒーターのフィルターは、思いのほか汚れます。特に室内でペットを飼っていたりすると、その毛で汚れることも珍しくありません。もちろん、室内には、フィルターで防ぎきれない細かなゴミやほこりもあります。

フィルターを通過した細かなゴミは、ファンヒーターの内部にたまっていきます。ファンヒーターが稼動して本体が熱くなると、こうしたほこりもまた熱せられ、焦げくさいにおいがしたり、故障の原因になることも考えられます。

ですから、2〜3年に一度は、点検をかねて専門家に掃除をしてもらうとよいようです。

石油ファンヒーターの場合は、サービスセンターなどに電話して、近所に代理店があるかどうかを確認します。ガスファンヒーターの場合は、ガス会社に連絡すると、最寄りの店を教えてくれます。シーズンが終わった直後は、点検に出す人が多いため、時間がかかると聞き、私は9〜10月ごろに、シーズン先どりで点検をお願いするようにしています。

エアコン

エアコンのフィルター

〇 ちょこちょこ掃除

歯ブラシ

❶ ふたをあけ、フィルターをとり外します。
❷ 歯ブラシでフィルターの汚れをこすり落とします。
❸ フィルター周辺の汚れも、歯ブラシでこすり落とします。
❹ フィルターをもとの位置にもどします。

● しっかり掃除

石けん　歯ブラシ　布

❶ ふたをあけ、フィルターをとり外します。
❷ 歯ブラシでフィルターの汚れをこすり落とします。
❸ 軽く水でぬらし、石けんをつけて泡立てた歯ブラシで、汚れをこすり落とします。
❹ 水ですすぎ、布でよく拭いて仕上げます。
❺ フィルターをもとの位置にもどします。

エアコンの前面パネル

〇 ちょこちょこ掃除

布

❶ 布で全体を乾拭きし、ほこりを落とします。

● しっかり掃除

石けん　重曹　布　ポンポンたわし

❶ 前面パネルをとり外します。
❷ 布で前面パネルを拭き、ほこりを落とします。
❸ 石けんをつけて泡立て、重曹を振りかけたポンポンたわしで、汚れをこ

すり落とします。

❹ 水ですすぎ、布でよく拭いて仕上げます。

❺ 前面パネルをもとの位置にもどします。

エアコンの集塵パネル

■ **定期便掃除**（半年に1回）

石けん　重曹

羽根バタキ　ポンポンたわし　布

❶ 集塵パネルをとり外します。

❷ 羽根バタキで集塵パネルのほこりをはらい落とします。

❸ 石けんをつけて泡立て、重曹を振りかけたポンポンたわしで、汚れをこすり落とします。

❹ 水ですすぎ、布でよく拭いて仕上げます。

❺ 集塵パネルをもとの位置にもどします。

お掃除のヒント

集塵パネルの汚れ具合は、エアコンの使用頻度や家族にスモーカーがいるかどうかで変わってくるようです。夏と冬にエアコンを使いはじめる前に、一度本体から外して、汚れ具合を確認します。汚れがひどい場合は、石けん水に10分ほど浸けてから洗うと、効果的です。

エアコンのカビ防止

カビ対策として、NHKの「ためしてガッテン」では「冷房を消したあと、毎回2時間送風運転する」方法を、東海テレビの「スーパーJチャンネル」では、「エアコン使用前後30分ずつ送風する」方法を紹介しています。使用後に集中させるか、使用の前後にするかは、生活パターンによって違うにしても、エアコンの使用前後に少なくとも1時間、できれば2時間ほど送風をすることで、カビの発生はかなり予防できそうです。

キッチン／リビング／ダイニング／個室／バスルーム／洗面所／トイレ／玄関

エアコン内部の掃除

「エアコン内部のカビやヤニなども、自分で落とすことができますか？」そんなご質問をたびたび受けます。業者に頼むと強い薬を使うかもしれないから、残った薬がエアコンの空気とともに室内にまきちらされるのが不安という人もいれば、業者に頼むと万単位でお金がかかるから、自分でやってしまいたいという人もいます。

自力でできればそれに越したことはないと、私も思います。そう考えて、スチームクリーナーのメーカーや電気メーカーなどに聞いてみましたが、素人が考えるほど作業は単純ではなさそうです。

問題のひとつは、リモコンのICパネルなどに水分が入ってしまうと、エアコンそのものの故障につながる可能性があることです。絶対に水がかからないように作業をするのは、素人にはかんたんなことではありません。もし、水が入って壊れてしまったら、自己責任とあきらめる覚悟をして掃除に臨まなければなりません。

また、内部を洗った時に、水分をしっかりとっておかないと、残った水分がカビや故障の原因になったりすることもあるということも、知っておく必要があるでしょう。

スチームクリーナーのメーカーに問いあわせてみると、噴出する蒸気の強さや温度が、業者の使うプロ使用のものと消費者向けのものでは違うこともあるので、スチームクリーナーさえあれば、プロと同じように掃除ができるとは思わないでください、というコメントをいただきました。

そう考えると、エアコン内部の掃除は基本的には業者に依頼するのがよさそうですが、依頼する際には、事前にどんな洗剤を使っているかなどを確認するとよいでしょう。

エアコンがどれくらい汚れているかは、次の項目を目安に見当をつけます。該当項目が多いほど、エアコンは汚れていると判断してよく、プロに頼んで、中まで掃除をしてもらうことも考えましょう。

☐ たばこを吸う家族がいる
☐ たばこを室内で吸う
☐ 夏は毎日エアコンを使う
☐ 冬の暖房はエアコンを使う
☐ エアコンを買ってから3年以上経つ
☐ 冷房や暖房の効きが悪い
☐ 運転時の音が大きい
☐ 出てくる空気がカビくさい
☐ 送風口からほこりやススが出る
☐ 送風口が結露することがある

除湿器

除湿器の本体

○ ちょこちょこ掃除

羽根バタキ　布

❶ 上から下へ羽根バタキをかけ、ほこりを落とします。
❷ 布で乾拭きして仕上げます。

● しっかり掃除

石けん　重曹　クエン酸水

羽根バタキ　ポンポンたわし　布

❶ 上から下へ羽根バタキをかけ、ほこりを落とします。
❷ 石けんをつけて泡立て、重曹を振りかけたポンポンたわしで、汚れをこすり落とします。
❸ クエン酸水をスプレーした布で、よく拭いて仕上げます。

除湿器のフィルター

○ ちょこちょこ掃除

歯ブラシ　布

❶ フィルターをとり外します。
❷ 歯ブラシでフィルターの汚れをこすり落とします。
❸ フィルター周辺の汚れも、歯ブラシでこすり落とします。
❹ 布で汚れを拭きとります。
❺ フィルターをもとの位置にもどします。

● しっかり掃除

石けん　重曹　歯ブラシ　ポンポンたわし

❶ フィルターをとり外します。
❷ 歯ブラシでフィルターの汚れをこすり落とします。
❸ 石けんをつけて泡立て、重曹を振りかけたポンポンたわしで、汚れをこ

すり落とします。
❹ 水ですすぎ、よく乾かして仕上げます。
❺ フィルターをもとの位置にもどします。

除湿器のタンク

○ ちょこちょこ掃除
❶ タンクにたまった水を流します。
❷ 水ですすぎ、よく乾かして仕上げます。

● しっかり掃除

石けん　重曹　ポンポンたわし

❶ タンクにたまった水を流します。
❷ 石けんをつけて泡立て、重曹を振りかけたポンポンたわしで、汚れをこすり落とします。
❸ 水ですすぎ、よく乾かして仕上げます。

テレビ

テレビの本体

○ ちょこちょこ掃除

羽根バタキ　布

❶ 上から下へ羽根バタキをかけ、ほこりを落とします。
❷ 布で乾拭きして仕上げます。

テレビのモニター

○ ちょこちょこ掃除

羽根バタキ　布

❶ 上から下へ羽根バタキをかけ、ほこりを落とします。

❷ 布で乾拭きして仕上げます。

```
リモコン
```

○ ちょこちょこ掃除

クリーニングクロス

❶ クリーニングクロスで全体を拭き、汚れやほこりを落とします。

● しっかり掃除

クリーニングクロス　綿棒

❶ クリーニングクロスで全体を拭き、汚れやほこりを落とします。
❷ 細かい部分は、クリーニングクロスの上から綿棒をあてて、こすります。

お掃除のヒント

ひどい手あかがついてしまった時は、ほうれん草の煮汁に布を浸し、固くしぼったもので拭きます。ただし、水分が機械の内部に入らないように気をつけます。

モニターをしっかりお掃除

モニターがブラウン管だったころはスイッチを切った状態で、モニターに直接炭酸水をスプレーして布で拭いていました。手あかなどもスッキリ落ちるので満足して使っていました。

ところが、ブラウン管のテレビが壊れて新しくわが家に来たモニターは、手触りがブラウン管とは違い、液体をスプレーすると壊れてしまいそうな感じです。取扱説明書を見ると、「すごく汚れた時は、洗剤をつけた布を固くしぼって、汚れを拭きとってください」と書いてありました。

「やっぱり、水分が苦手なのね」
そう納得して、炭酸水を使うのはやめました。ちょっと拭いただけでは落ちない汚れがついてしまった時は、布に石けんを泡立ててから、固くしぼったもので汚れを拭き、クエン酸水でぬらした布を固くしぼって拭き、さらに水でぬらして固くしぼった布で拭きます。

布のかわりにクリーニングクロスを使うと、汚れをラクに落とすことができます。

キッチン
リビング
ダイニング
個室
バスルーム
洗面所
トイレ
玄関

ラックを買うなら

テレビやパソコンのモニターを壁際においておくと、静電気で壁が黒くなってしまうことがあります。

「静電気で汚れた壁紙は重曹できれいになりますか？」

そう聞かれることがよくあります。ポンポンたわしでたたくと、きれいにならなくはありませんが、下手をすると、静電気が落ちたところだけが妙に白っぽくなって、周辺の汚れを目立たせることになりかねません。

そうした事態の発生を防ぐには、まずは、モニター用のラックを選ぶ時に、裏にベニヤ板が1枚ついていれば、静電気で壁が汚れる心配はありません。

もちろん、デザイン的な問題で、どうしても背板がついたものはイヤという時は仕方がありません。ただ、デザインを優先させる場合は、こまめに壁の手入れをするとか、定期的に壁紙を張りかえる、あるいは、静電気で黒ずんでも目をつぶるという具合に、覚悟を決めておく必要はあるのではないでしょうか。

ビデオデッキ・DVDプレーヤー

ビデオデッキの本体

○ ちょこちょこ掃除

クリーニングクロス

❶ クリーニングクロスで全体を拭き、汚れやほこりを落とします。

● しっかり掃除

布

❶ 布で全体を拭き、汚れやほこりを落とします。

❷ 軽く水でぬらし、固くしぼった布で、汚れをこすり落とします。

❸ 別の布で乾拭きして仕上げます。

ビデオデッキのヘッド

■ 定期便掃除（1カ月に1回）

羽根バタキ　クリーニングテープ

❶ 羽根バタキで入口部分のほこりをとります。
❷ 電源を入れ、ビデオクリーニングテープを使って、ヘッドの掃除をします。

DVDプレーヤーの本体

○ ちょこちょこ掃除

クリーニングクロス

❶ クリーニングクロスで全体を拭き、汚れやほこりを落とします。

● しっかり掃除

布

❶ 布で全体を拭き、汚れやほこりを落とします。
❷ 軽く水でぬらし、固くしぼった布で、汚れをこすり落とします。
❸ 別の布で乾拭きして仕上げます。

DVDプレーヤーのレンズ

■ 定期便掃除（1カ月に1回）

レンズクリーナー

❶ レンズクリーナーを使って、ヘッドの掃除をします。

キッチン / リビング / ダイニング / 個室 / バスルーム / 洗面所 / トイレ / 玄関

ビデオは1000時間見たら定期点検

子どもたちが小さいころにわが家で使っていたビデオデッキは、とても気の毒でした。ふたがついていてよけいなものが入らないようにつくられていたというのに、そこになんでも入れようとする子どもたち。いろいろなものを無理矢理食べさせられて、ついには動かなくなってしまったのです。

こういう腕白坊主がいるおうちでは、定期的に電気屋さんにビデオデッキやDVDプレーヤーを点検してもらうとよいようです。いたずらっ子がいなくても、ビデオデッキのヘッドには意外にほこりがたまるものだという話も聞いたことがあります。

東芝の説明によると、ほこりがたまったまま使っていると、火災や故障の原因になることもあるのだとか。「ビデオを1000時間見たら定期点検」というのを目安にするといいそうです。

困った時にちょっと来てもらえる近所の電気屋さんとおつきあいがあるというのは、電気製品をメンテナンスして長く使うためには大事だな、と思いました。

テーブル

木のテーブル

○ ちょこちょこ掃除

クエン酸水　布

❶ 全体にクエン酸水をスプレーします。

❷ 布で汚れを拭きとります。

● しっかり掃除

重曹　クエン酸水　ポンポンたわし　布

❶ 軽く水でぬらし、重曹を振りかけたポンポンたわしで、汚れをこすり落とします。

❷ 布で汚れを拭きとります。

❸ 全体にクエン酸水をスプレーし、別の布で拭いて仕上げます。

プラスチックのテーブル

○ ちょこちょこ掃除

クエン酸水　布

❶ 全体にクエン酸水をスプレーします。
❷ 布で汚れを拭きとります。

● しっかり掃除

重曹　クエン酸水　ポンポンたわし　布

❶ 軽く水でぬらし、重曹を振りかけたポンポンたわしで、汚れをこすり落とします。
❷ 布で汚れを拭きとります。
❸ 全体にクエン酸水をスプレーし、別の布で拭いて仕上げます。

ガラスのテーブル

○ ちょこちょこ掃除

炭酸水　布

❶ 全体に炭酸水をスプレーします。
❷ 布で汚れを拭きとります。

● しっかり掃除

重曹　クエン酸水　炭酸水

ポンポンたわし　布

❶ 軽く水でぬらし、重曹を振りかけたポンポンたわしで、汚れをこすり落とします。
❷ 全体にクエン酸水をスプレーし、布で拭きます。
❸ 炭酸水をスプレーし、別の布で拭いて仕上げます。

石のテーブル

○ ちょこちょこ掃除

布

❶ 軽く水でぬらし、固くしぼった布で、汚れをこすり落とします。

● しっかり掃除

重曹　ポンポンたわし　布

❶ 軽く水でぬらし、重曹を振りかけたポンポンたわしで、汚れをこすり落とします。
❷ 布で汚れを拭きとります。
❸ 軽く水でぬらし、固くしぼった別の布で、よく拭いて仕上げます。

お掃除のヒント

シュッとひと吹きスプレーすると、汚れが早く落とせるので、クエン酸水はテーブルのお掃除の必須アイテムです。でも、残念ながら、大理石をはじめとする石のテーブルにはむきません。石にはカルシウムや石灰分など、アルカリ成分が含まれていることが多いため、酸性のクエン酸をかけると、表面がザラザラになるなどのダメージを与えることがあるからです。

イス

木のイス

○ ちょこちょこ掃除

クエン酸水　布

❶ 汚れにクエン酸水をスプレーします。
❷ 布で汚れを拭きとります。

> ！ 木の種類や状態によっては、シミになることがあります。必ず事前に目立たないところで試してから、作業をしてください。

● しっかり掃除

重曹　椿油　酢

ポンポンたわし　歯ブラシ　布

❶ 軽く水でぬらし、重曹を振りかけたポンポンたわしで、表面や溝の凹凸をこすります。
❷ ポンポンたわしで届きにくい部分は、歯ブラシを使います。
❸ 布で汚れを拭きとります。
❹ 椿油小さじ１と酢小さじ１をまぜます。
❺ 布に❹を少量つけ、汚れの気になる部分を中心によくこすります。
❻ 別の布で乾拭きして仕上げます。

木のイスはちょっと慎重に

飲みものや食べものをおくことの多いテーブルは、液体がこぼれることもあるでしょうから、テーブルをつくる側も、ぬれる事態が起こることは想定の範囲内だと思います。でも、イスはどうでしょう？　イスもテーブルのようにぬれるだろうと、つくる人たちが思っているかどうか……これはちょっと疑問です。

そう考えると、汚れたところにクエン酸水をスプレーして、すぐさま拭きとるちょこちょこ掃除の時はよいとしても、しっかり掃除をする時は、クエン酸水をかけて拭くのはどうかなぁと思います。クエン酸水をスプレーした布で拭くのも一案ですが、磨いてつやを出すことも考えると、私はもっぱら椿油と酢でお手入れしています。

木は素材やワックスの種類によって、扱い方が違ってきますから、事前に目立たないところで試して様子を見ながら、ご自宅のイスにあったお手入れ方法を見つけてください。

キッチン　リビング　ダイニング　個室　バスルーム　洗面所　トイレ　玄関

プラスチックのイス

○ ちょこちょこ掃除

クエン酸水　布

❶　汚れにクエン酸水をスプレーします。
❷　布で汚れを拭きとります。

● しっかり掃除

重曹　クエン酸水　ポンポンたわし　布

❶　軽く水でぬらし、重曹を振りかけたポンポンたわしで、汚れをこすり落とします。
❷　布で汚れを拭きとります。
❸　全体にクエン酸水をスプレーし、別の布で拭いて仕上げます。

ビニールのイス

○ ちょこちょこ掃除

クエン酸水　布

❶　クッションのまわりやすきまに入りこんだ汚れは、人指し指に布を巻きつけて、かき出します。
❷　汚れにクエン酸水をスプレーします。
❸　布で汚れを拭きとります。

● しっかり掃除

重曹　クエン酸水　布　ポンポンたわし

❶　クッションのまわりやすきまに入りこんだ汚れは、人指し指に布を巻きつけて、かき出します。
❷　軽く水でぬらし、重曹を振りかけたポンポンたわしで、汚れをこすり落とします。
❸　布で汚れを拭きとります。
❹　全体にクエン酸水をスプレーし、別の布で拭いて仕上げます。

お掃除のヒント

木やプラスチックのイスとは違って、ビニールのイスは、スポンジなどをビニールで包んだタイプが多く、座椅子や背もたれに弾力性のあるものがほとんどです。そのため、クッションとクッションのすきまに、食べものやほこりがたまりがち。ちょこちょこ掃除では、すきまの汚れをまめにかき出すことがポイントです。

イスについたクレヨンの落書き

◆ **速攻掃除**

重曹　クエン酸水　ポンポンたわし　布

❶ 軽く水でぬらし、重曹を振りかけたポンポンたわしで、汚れをこすり落とします。
❷ 布で汚れを拭きとります。
❸ 全体にクエン酸水をスプレーし、別の布で拭いて仕上げます。

● **しっかり掃除**

石けん　重曹　クエン酸水

ポンポンたわし　布

❶ 石けんをつけて泡立て、重曹を振りかけたポンポンたわしで、汚れをこすり落とします。
❷ 布で汚れを拭きとります。
❸ 全体にクエン酸水をスプレーし、別の布で拭いて仕上げます。

キッチン｜リビング｜ダイニング｜個室｜バスルーム｜洗面所｜トイレ｜玄関

ソファ

布のソファ

○ ちょこちょこ掃除

羽根バタキ　布

❶ 全体に羽根バタキをかけ、ほこりを落とします。

❷ クッションのまわりやすきまに入りこんだ汚れは、人指し指に布を巻きつけて、かき出します。

> ベランダなどに干せる場合は、クッションなどを日にあてると湿気がとんで衛生的です。

● しっかり掃除

石けん　重曹　クエン酸水

羽根バタキ　布　ポンポンたわし

❶ 全体に羽根バタキをかけ、ほこりを落とします。

❷ クッションのまわりやすきまに入りこんだ汚れは、人指し指に布を巻きつけて、かき出します。

❸ 石けんをつけて泡立て、重曹を振りかけたポンポンたわしで、たたくようにして汚れを落とします。

❹ クエン酸水をスプレーした布で、たたくようにして汚れを落とします。

❺ 汚れが残っている場合は、❸〜❹をくり返します。

> 木や布、皮革などの種類や状態によっては、シミになることがあります。必ず事前に目立たないところで試してから、作業をしてください。

お掃除のヒント

布のソファにこびりついた汚れは、繊維の中にしみこんでいることが多いので、石けんの力を借りて、汚れを浮きあがらせます。水分が多すぎると、今度は石けん水がクッションにしみこんでしまうので、少なめの水で泡立て、手早く作業します。

合成皮革のソファ

○ ちょこちょこ掃除

クエン酸水　羽根バタキ　布

❶ 全体に羽根バタキをかけ、ほこりを落とします。
❷ クッションのまわりやすきまに入りこんだ汚れは、人指し指に布を巻きつけて、かき出します。
❸ 全体にクエン酸水をスプレーし、別の布で拭いて仕上げます。

● しっかり掃除

重曹　クエン酸水　布　ポンポンたわし

❶ クッションのまわりやすきまに入りこんだ汚れは、人指し指に布を巻きつけて、かき出します。
❷ 軽く水でぬらし、重曹を振りかけたポンポンたわしで、汚れをこすり落とします。
❸ 布で汚れを拭きとります。
❹ 汚れが残っている場合は、❷〜❸をくり返します。
❺ 全体にクエン酸水をスプレーし、別の布で拭いて仕上げます。

> **お掃除のヒント**
> 合成皮革のソファについた汚れは、こびりついたといっても布のソファのように中にしみこんでしまうことはありません。表面に頑固についているものですから、研磨パワーでこすり落とします。

皮革のソファ

○ ちょこちょこ掃除

羽根バタキ　布

❶ 全体に羽根バタキをかけ、ほこりを落とします。
❷ クッションのまわりやすきまに入りこんだ汚れは、人指し指に布を巻きつけて、かき出します。

● しっかり掃除

重曹　椿油　酢

布　ポンポンたわし

❶ クッションのまわりやすきまに入りこんだ汚れは、人指し指に布を巻きつけて、かき出します。
❷ 軽く水でぬらし、重曹を振りかけたポンポンたわしで、汚れをこすり落とします。
❸ 布で汚れを拭きとります。
❹ 汚れが残っている場合は、❷～❸をくり返します。
❺ 椿油小さじ1と酢小さじ1をまぜます。
❻ 布に❺を少量つけ、汚れの気になる部分を中心によくこすります。
❼ 別の布で乾拭きして仕上げます。

お掃除のヒント
皮革は動物性ですから、アルカリ性よりは弱酸性の環境を好みます。そのため、アルカリ性の重曹をつけたままにしておくと、固くなったり、傷んだりすることがあります。最後に、酢と椿油で皮革の表面を酸性にもどすと同時に、油分を補うことで、皮革につやを出します。

ソファの木製部分

○ ちょこちょこ掃除

羽根バタキ

❶ 全体に羽根バタキをかけ、ほこりを落とします。

● しっかり掃除

椿油　酢　羽根バタキ　布

❶ 全体に羽根バタキをかけ、ほこりを落とします。
❷ 椿油小さじ1と酢小さじ1をまぜます。
❸ 布に❷を少量つけ、汚れの気になる部分を中心によくこすります
❹ 別の布で乾拭きして仕上げます。

収納

木の棚

〇 ちょこちょこ掃除

クエン酸水　布

❶ 汚れにクエン酸水をスプレーします。

❷ 布で汚れを拭きとります。

❸ 別の布で乾拭きして仕上げます。

お掃除のヒント

樹脂塗料で塗装がされていない木製の棚は、ぬかでこまめに拭くのも一案です。ぬかの油が木につやを与え、汚れをつきにくくしてくれます。ぬかがこぼれないように、口のしっかりしまるサシェに入れて拭きます。

● しっかり掃除

重曹　クエン酸水　布　ポンポンたわし

❶ 全体を布で乾拭きし、ほこりを落とします。

❷ こびりついた汚れは、軽く水でぬらし、重曹を振りかけたポンポンたわしで、こすり落とします。

❸ 布で汚れを拭きとります。

❹ 全体にクエン酸水をスプレーし、別の布で拭いて仕上げます。

> 木の種類や状態によっては、重曹が適さないことがあります。必ず事前に目立たないところで試してから、作業をしてください。

テーブル／イス／ソファ／収納／窓／カーテン／ブラインド／照明

ステンレスの棚

○ ちょこちょこ掃除

クエン酸水　布

❶ 汚れにクエン酸水をスプレーします。
❷ 布で汚れを拭きとります。
❸ 別の布で乾拭きして仕上げます。

● しっかり掃除

重曹　クエン酸水　布　ポンポンたわし

❶ 全体を布で乾拭きし、ほこりを落とします。
❷ こびりついた汚れは、軽く水でぬらし、重曹を振りかけたポンポンたわしで、こすり落とします。
❸ 布で汚れを拭きとります。
❹ 全体にクエン酸水をスプレーし、別の布で拭いて仕上げます。

スチールの棚

○ ちょこちょこ掃除

布

❶ 軽く水でぬらし、固くしぼった布で、汚れをこすり落とします。

● しっかり掃除

重曹　布　ポンポンたわし

❶ 全体を布で乾拭きし、ほこりを落とします。
❷ こびりついた汚れは、軽く水でぬらし、重曹を振りかけたポンポンたわしで、こすり落とします。
❸ 布で汚れを拭きとります。
❹ 軽く水でぬらし、固くしぼった布で汚れをこすり落とします。

> ❗ スチールにクエン酸をかけるとサビることがあるので、注意！乾いたあとで重曹が白く残っている場合は、❹をくり返します。

樹脂の棚

○ ちょこちょこ掃除

クエン酸水　布

❶ 汚れにクエン酸水をスプレーします。
❷ 布で汚れを拭きとります。
❸ 別の布で乾拭きして仕上げます。

● しっかり掃除

重曹　クエン酸水　布　ポンポンたわし

❶ 全体を布で乾拭きし、ほこりを落とします。
❷ こびりついた汚れは、軽く水でぬらし、重曹を振りかけたポンポンたわしで、こすり落とします。
❸ 布で汚れを拭きとります。
❹ 全体にクエン酸水をスプレーし、別の布で拭いて仕上げます。

窓

ガラス窓
（サッシの窓枠）

○ ちょこちょこ掃除

炭酸水　布

❶ 桟とレールのほこりは、布で拭きとります。
❷ ガラスの上部2～3カ所に炭酸水をスプレーし、別の布で上から下へ拭いて仕上げます。

● しっかり掃除

石けん　炭酸水　布　ポンポンたわし

❶ 上から下へ布で乾拭きします。特に外側のガラスは、ほこりなどで汚れていることがありますから、ていねいに拭きます。
❷ 桟とレールを乾拭きします。
❸ 石けんをつけて泡立てたポンポン

キッチン　リビング　ダイニング　個室　バスルーム　洗面所　トイレ　玄関

たわしで、桟とレールの汚れをこすり落とします。

❹ 布で汚れを拭きとります。

❺ 軽く水でぬらし、固くしぼった布で、桟とレールを拭きます。

❻ ガラスの上部2〜3カ所に炭酸水をスプレーし、別の布で上から下へ拭いて仕上げます。

ガラス窓
（木の窓枠）

○ ちょこちょこ掃除

炭酸水　布

❶ 桟とレールのほこりは、布で拭きとります。

❷ ガラスの上部2〜3カ所に炭酸水をスプレーし、別の布で上から下へ拭いて仕上げます。

● しっかり掃除

石けん　クエン酸水　炭酸水

布　ポンポンたわし

❶ 上から下へ布で乾拭きします。特に外側のガラスは、ほこりなどで汚れていることがありますから、ていねいに拭きます。

❷ 桟とレールを乾拭きします。

❸ 石けんをつけて泡立てたポンポンたわしで、木目にそって桟とレールの汚れをこすり落とします。

❹ 布で汚れを拭きとります。

❺ クエン酸水をスプレーした布で、桟とレールを拭きます。

❻ 別の布で乾拭きします。

❼ ガラスの上部2〜3カ所に炭酸水をスプレーし、別の布で上から下へ拭いて仕上げます。

❽ 木枠に水分が残らないように、乾拭きして仕上げます。

> **スクイージーは便利？**
>
> 窓ガラスの掃除にはスクイージーがあるととても便利です。スクイージーで上から下へ汚れを落としていくと、窓はピカピカになります。
>
> ただ、横幅があり、それなりにかさばるので収納場所がないという声も耳にします。出し入れするのが面倒ならば、布で拭いて仕上げるのも一案です。
>
> 私自身も一時期スクイージーを愛用していましたが、最近はもっぱら布で拭いてしまっています。

網戸

○ ちょこちょこ掃除

布

❶ 上から下へ布で乾拭きします。

お掃除のヒント
羽根バタキをこまめにかけるのもほこりを落とすには有効です。また、いらなくなった靴下を手にはかせて、上から下へほこりをとっていく方法も。時間のある時にちょこちょこやっておくと、ほこりがたまりにくく、お掃除がラクです。小さい子どものお手伝いとしても楽しいもの。親子で窓掃除をする時は、ぜひ、古靴下の手袋を活用してください。

● しっかり掃除

石けん　クエン酸水　布　ボディブラシ

❶ 上から下へ布で乾拭きします。
❷ 石けんをつけて泡立てたボディブラシで、上から下へ円を描くようにしながら、汚れをこすり落とします。
❸ 布で汚れを拭きとります。
❹ クエン酸水に浸した布で、上から下へ拭いて仕上げます。

お掃除のヒント
網戸を洗うブラシは、100円ショップなどにあるボディブラシでも十分機能を果たしますが、もし洗車ブラシがあれば、これが一番具合がよいようです。ブラシが大きいので、一度に広い範囲を洗うことができますし、毛足が柔らかいので、網目のあいだまできれいに洗えます。

カーテン

カーテンボックスと布のカーテン

〇 ちょこちょこ掃除

羽根バタキ

❶ 羽根バタキでカーテンボックスのほこりを落とします。
❷ カーテンの上から下へ羽根バタキをかけ、ほこりを落とします。

> **お掃除のヒント**
> 朝晩カーテンをあけたり閉めたりすることで、ほこりをある程度落とすことができます。

● しっかり掃除

羽根バタキ

❶ 羽根バタキでカーテンボックスのほこりを落とします。
❷ カーテンの上から下へ羽根バタキをかけ、ほこりを落とします。
❸ カーテンを外し、洗濯機で洗います。
❹ 脱水後、そのままカーテンレールに吊るして乾かします。

> ❗ 洗濯機で洗えないカーテンは、取扱表示にしたがって洗濯をします。

カーテンレールと布のカーテン

〇 ちょこちょこ掃除

羽根バタキ

❶ 羽根バタキでカーテンレールのほこりを落とします。
❷ 羽根バタキでカーテンのてっぺんのほこりを落とします。
❸ カーテンの上から下へ羽根バタキをかけ、ほこりを落とします。

> **お掃除のヒント**
> カーテンボックスがなく、むき出しになっていると、カーテンのてっぺんにほこりがたまります。こまめに羽根バタキをかけたいものです。

● **しっかり掃除**

羽根バタキ

❶ 羽根バタキでカーテンレールのほこりを落とします。
❷ 羽根バタキでカーテンのてっぺんのほこりを落とします。
❸ カーテンの上から下へ羽根バタキをかけ、ほこりを落とします。
❹ カーテンを外し、洗濯機で洗います。
❺ 脱水後、そのままカーテンレールに吊るして乾かします。

レースのカーテン

○ **ちょこちょこ掃除**

羽根バタキ

❶ 羽根バタキでカーテンボックスやカーテンレールのほこりを落とします。
❷ カーテンの上から下へ羽根バタキをかけ、ほこりを落とします。

● **しっかり掃除**

羽根バタキ

❶ 羽根バタキでカーテンボックスやカーテンレールのほこりを落とします。
❷ カーテンの上から下へ羽根バタキをかけ、ほこりを落とします。
❸ カーテンを外し、洗濯機で洗います。
❹ 脱水後、そのままカーテンレールに吊るして乾かします。

タバコを吸う人のいる部屋のカーテン

○ **ちょこちょこ掃除**

クエン酸水　羽根バタキ

❶ カーテンの上から下へ羽根バタキをかけ、ほこりを落とします。
❷ 全体にクエン酸水をスプレーします。

! 湿気がこもらないように、窓をあけてスプレーします。

お掃除のヒント

においが気になる時は、クエン酸水にラベンダーやレモングラスのエッセンシャルオイルを数滴たらしたものをスプレーします。

● しっかり掃除

クエン酸水　羽根バタキ

❶　カーテンの上から下へ羽根バタキをかけ、ほこりを落とします。
❷　カーテンを外し、クエン酸水を入れたバケツに、30分～2時間浸けます。
❸　クエン酸水から出し、全体をしぼってから、洗濯機で洗います。
❹　脱水後、そのままカーテンレールに吊るして乾かします。

Q　タバコのにおいをとる時に、浸けおきしたクエン酸水も、洗濯機に入れて洗濯をしてもいいですか？

A　クエン酸水は、その名からもわかるように酸性です。石けんをはじめとする洗濯用の洗剤はアルカリ性ですから、クエン酸水を入れると洗浄力が落ちてしまいます。ですから、洗濯機にはクエン酸水を入れません。

ブラインド

プラスチックのブラインド

○ ちょこちょこ掃除

羽根バタキ　布

❶　ブラインドを閉めた状態にします。
❷　ブラインドの上から下へ羽根バタキをかけ、ほこりを落とします。
❸　布で乾拭きして仕上げます。

● しっかり掃除

石けん　クエン酸水　羽根バタキ　軍手

❶　ブラインドを閉めた状態にします。
❷　ブラインドの上から下へ羽根バタキをかけ、ほこりを落とします。
❸　石けんをつけて泡立てた軍手で、上から順番にこすっていきます。
❹　下まできれいになったら、軍手をきれいなものにかえます。

❺ きれいな軍手にクエン酸水をスプレーし、汚れを拭きとる作業を一番下まで続けます。

> **お掃除のヒント**
> 軍手がなければ布でもお掃除できますが、使い古しのハンドタオルなど、ある程度厚みのある大きめのものを使うと作業がしやすくなります。

木のブラインド

〇 ちょこちょこ掃除

羽根バタキ　布

❶ ブラインドを閉めた状態にします。
❷ ブラインドの上から下へ羽根バタキをかけ、ほこりを落とします。
❸ 布で乾拭きして仕上げます。

● しっかり掃除

椿油　酢

❶ ブラインドを閉めた状態にします。
❷ ブラインドの上から下へ羽根バタキをかけ、ほこりを落とします。
❸ 椿油大さじ1と酢大さじ1をまぜます。
❹ 布に❸を少量つけ、上から順番にこすっていきます。
❺ 時々❸をつけながら、一番下まで、こすります。
❻ 下まできれいになったら、別のきれいな布で、上から順番に乾拭きして仕上げます。

> ❗ 木の種類や状態によっては、シミになることがあります。必ず事前に目立たないところで試してから、作業をしてください。

布のブラインドやシェード

〇 ちょこちょこ掃除

羽根バタキ

❶ ブラインドを閉めた状態にします。
❷ ブラインドの上から下へ羽根バタキをかけ、ほこりを落とします。

● **しっかり掃除**（洗える場合）

羽根バタキ

❶ ブラインドを閉めた状態にします。
❷ ブラインドの上から下へ羽根バタキをかけ、ほこりを落とします。
❸ ブラインドを外し、洗濯機で洗います。
❹ 脱水後、そのままカーテンレールに吊るして乾かします。

表記と現実的問題と……

わが家のリビングには、ポリエステル製のブラインドがあります。買う前にメーカーに聞いたところ、「一応洗えます。けれども、大きいので、ぬらすと非常に重くなりますから、奥さんひとりでは無理かもしれませんね」といわれました。
つまり、布の性質からいうと洗えるけれど、実際問題として洗うのは現実的ではないということです。
洗えなくてもほしいブラインドだったので、洗えないと覚悟を決めて購入しました。
洗えないのが前提ですから、なるべくほこりがたまらないように、こまめに開け閉めをするようにしました。そうすることで、カーテン同様ほこりが落ちることを期待しているわけです。また、夜はもちろんブラインドをおろしますが、昼間は上までピッチリあげて、ほこりがつかないようにしています。

照明

和紙のシェード

○ **ちょこちょこ掃除**

羽根バタキ　布

❶ 上から下へ羽根バタキをかけ、ほこりを落とします。
❷ 布で乾拭きして仕上げます。

お掃除のヒント

和紙のシェードは、石けんや水を使ったしっかり掃除はできません。ですから、ほこりがたまらないように、日ごろからこまめにお手入れします。
また、キッチンの近くなど、油の飛まつで汚れる可能性のある場所は避けるなど、設置場所にも配慮が必要です。また、手あかなどで一カ所だけ目立つ汚れがついてしまった場合は、似たような和紙を桜の形などに切って、模様のように貼りつけてしまうのも一案です。

布の
シェード

○ ちょこちょこ掃除

羽根バタキ　　布

❶ 上から下へ羽根バタキをかけ、ほこりを落とします。
❷ 布で乾拭きして仕上げます。

● しっかり掃除

石けん　　重曹　　クエン酸水

羽根バタキ　　布　　ポンポンたわし

❶ シェードをとり外します。
❷ 上から下へ羽根バタキをかけ、ほこりを落とします。
❸ シェードの裏から乾いた布をあて、石けんをつけて泡立て、重曹を振りかけたポンポンたわしで、たたきます。
❹ 布でたたくようにして、汚れを拭きとります。
❺ クエン酸水をスプレーした別の布で、たたくようにして仕上げます。

> ❗ 布の種類や状態によっては、シミになることがあります。必ず事前に目立たないところで試してから、作業をしてください。

掃除が苦手な人向きシェード

友人が「布のシェードがひどく汚れてしまったのだけれど、洗えるかしら？」と電話をしてきました。「布や和紙のシェードを洗うと、シミになってかえって汚れた感じになってしまったり、破けてしまったりすることがあるから、原則として洗えないと思ったほうがいいと思うわ」と答えると、「でもね、お気に入りなの。それなのにとっても汚れちゃったから何とかしたいのよ」というのです。幸い素材が和紙ではなく、布だったので、「必ず事前にシミにならないことを確認して」と念押ししながら、しっかり掃除の方法を伝えました。
「シェードは大きいの？」気になってそうたずねると、リビングのものだからそれなりの大きさだといいます。ゴシゴシこすって洗う方法は、比較的広い面積のものでも、あまり苦になりませんが、たたきながらの掃除は意外に手間がかかります。途中で面倒になってしまうことも、珍しくありません。
こまめにお掃除するのが面倒な人は、和紙や布のシェードは使うのは、避けたほうがいいかな、と思います。

ガラスのシェード

○ ちょこちょこ掃除

羽根バタキ　布

❶ 上から下へ羽根バタキをかけ、ほこりを落とします。
❷ 布で乾拭きして仕上げます。

● しっかり掃除

石けん　重曹　クエン酸水

羽根バタキ　ポンポンたわし　布

❶ シェードをとり外します。
❷ 上から下へ羽根バタキをかけ、ほこりを落とします。
❸ 石けんをつけて泡立て、重曹を振りかけたポンポンたわしで、汚れをこすり落とします。
❹ 布で汚れを拭きとります。
❺ 全体にクエン酸水をスプレーし、別の布で拭いて仕上げます。

! 金属部分がある場合は、金属にクエン酸水や石けんがつかないように注意します。

プラスチックのシェード

○ ちょこちょこ掃除

羽根バタキ　布

❶ 上から下へ羽根バタキをかけ、ほこりを落とします。
❷ 布で乾拭きして仕上げます。

● しっかり掃除

石けん　重曹　クエン酸水

羽根バタキ　ポンポンたわし　布

❶ シェードをとり外します。
❷ 上から下へ羽根バタキをかけ、ほこりを落とします。
❸ 石けんをつけて泡立て、重曹を振りかけたポンポンたわしで、汚れをこ

すり落とします。
❹ 布で汚れを拭きとります。
❺ 全体にクエン酸水をスプレーし、別の布で拭いて仕上げます。

[電気のひも]

○ ちょこちょこ掃除

羽根バタキ　布

❶ 全体に羽根バタキをかけ、ほこりを落とします。
❷ 布で乾拭きして仕上げます。

● しっかり掃除

石けん　重曹　クエン酸水

羽根バタキ　ポンポンたわし　布

❶ 全体に羽根バタキをかけ、ほこりを落とします。
❷ 石けんをつけて泡立て、重曹を振りかけたポンポンたわしで、汚れをこすり落とします。

❸ クエン酸水をスプレーした布で、よく拭いて仕上げます。

[スイッチカバー・スイッチ]

○ ちょこちょこ掃除

布

❶ 乾いた布で汚れをこすり落とします。

● しっかり掃除

重曹　クエン酸水　綿棒　布

❶ 軽く水でぬらした指先に重曹を振りかけ、汚れをこすり落とします。
❷ スイッチの細かい部分は、軽く水でぬらし、重曹をつけた綿棒で、こすります。
❸ クエン酸水をスプレーした布で、よく拭いて仕上げます。

> ❗ すぐ裏に電気が通っているので、裏に水が入らないように作業します。

照明 | 床 | 壁・天井 | リビングのにおい | ペットのにおい

お掃除のヒント

スイッチカバーは電気が通っている部分のすぐそばにあるので、外さずに、汚れをおとしたいもの。そこで私は指先に重曹をつけて、お掃除しています。ぬらしたポンポンたわしより指先を使ったほうが、わずかな水だけで汚れが落とせるからです。
不安な場合は、カバーの上のすきまにドライバーを差しこんで静かに手前に引き、カバーを外します。外してから作業をすれば、ポンポンたわしも使えますし、クエン酸水を直接スプレーしても大丈夫です。カバーをもどす時にも、水分が残らないように注意してください。

電球

■ **定期便掃除**（1月に1回）

羽根バタキ

❶ 全体に羽根バタキをかけ、ほこりを落とします。

> ❗ 電球を手でさわってみて、グラつきがないことを確認します。グラつく場合は、グラつかないようにつけなおしてください。

電球を選ぶ

蛍光灯の青白い光がどうしても好きになれない私は、ずっと電球愛用者でした。けれども、白熱電球は熱がこもりやすいので、電灯のデザインによっては、周辺部分がとても熱くなって、寿命も短くなりがちです。まめに交換するのは面倒だけれど、それでもこの色は譲れない。長くそういい続けていましたが、「不便なことも多いし、発熱しにくくて、長くもつ蛍光灯を試してみれば？」という周囲の言葉におされて、スーパーの電球売場に出かけてみました。
すると、最近は「電球色」の蛍光灯なるものがあるのです。私の苦手な青白い光ではなく、温かみのある電球のような光を出す蛍光灯。本当かしら……と半信半疑でひとつ買って、切れた電球ととりかえてみました。
家族はそれが蛍光灯だとは気づきません。それほど白熱電球の色に似た光なのです。熱の具合はどうかしら……と何度か電球に手をかざしてみましたが、熱さは感じません。
電球の取扱説明書に書いてあったほど、白熱電球何個分にも相当するほど寿命が長いかどうかはわかりません。けれども、少なくとも、以前は1年に何度かつけかえていた電球の交換回数が、蛍光灯にして以来減ったように思います。
ひとつ、またひとつ、わが家の電球は蛍光灯に切りかわっていきました。最近は一部の特殊な電球を除いて、ほとんどが蛍光灯。あんなに意固地になっていないで、もっと早く切りかえればよかった……と、ちょっと反省しています。

床

フローリングの床

〇 ちょこちょこ掃除（ほうきを使う）

茶殻　ほうき　ちりとり

❶ 茶殻は軽くしぼって、部屋の隅におきます。

❷ ソファやテーブルの下などは、ほうきを差しこんで、ほこりを掃きだします。

❸ 茶殻を部屋全体に移動させるつもりで、すみずみまで掃きます。

❹ ほこりと茶殻を、ほうきでちりとりにとり、捨てます。

〇 ちょこちょこ掃除（掃除機を使う）

掃除機

❶ 部屋の隅から、掃除機でほこりを吸いとります。

❷ 必要に応じて、家具を移動させて、家具の下のほこりも吸いとります。

● しっかり掃除

クエン酸水　掃除機　雑巾モップ

❶ 部屋の隅から、掃除機でほこりを吸いとります。

❷ 必要に応じて、家具を移動させて、家具の下のほこりも吸いとります。

❸ クエン酸水をスプレーしながら、雑巾モップで拭きます。

> ❗ 水分が残らないように、よく拭きます。

無垢の床とフローリングは同じ？

ひと口に「フローリング」といっても、材質によって手入れの方法が違いますから、まずは、どんな素材のフローリングかを確認してからお手入れしましょう。無垢材というのは、文字通り「木」です。インターネットサイト「All About」の不動産用語集によると「無垢材の長所は、それが生きているということ。切りとられ建材になっても、呼吸をしている。だから割れも起こるし、反りや曲がりも起こる」ということになります。いわゆる木材ですから、水は得意とはいえません。水拭きをするなら、固くしぼった雑巾で。つやを出すなら、綿や麻の袋に入れたぬかで磨くとよいといわれます。いずれにして

も、腰を曲げての床掃除は避けられそうもありません。

一方、WPC（ウッド・プラスチック・コンビネーション）とよばれる木材に樹脂を注入した床材は、無垢に比べると木の質感が劣るという大きな難点はありますが、手入れはかんたん。掃き掃除が基本。あとは時々ワックスをかける程度といった記述が目立ちます。

本書でご紹介するのは、いわゆるWPCなど樹脂コーティングしてある床のお手入れ方法です。

コルクの床

○ ちょこちょこ掃除（ほうきを使う）

茶殻　ほうき　ちりとり

❶ 茶殻は軽くしぼって、部屋の隅におきます。

❷ ソファやテーブルの下などは、ほうきを差しこんで、ほこりを掃きだします。

❸ 茶殻を部屋全体に移動させるつもりで、すみずみまで掃きます。

❹ ほこりと茶殻を、ほうきでちりとりにとり、捨てます。

○ ちょこちょこ掃除（掃除機を使う）

掃除機

❶ 部屋の隅から、掃除機でほこりを吸いとります。

❷ 必要に応じて、家具を移動させて家具の下のほこりも吸いとります。

● しっかり掃除

クエン酸水　掃除機　雑巾モップ

❶ 部屋の隅から、掃除機でほこりを吸いとります。

❷ 必要に応じて、家具を移動させて家具の下のほこりも吸いとります。

❸ クエン酸水をスプレーしながら、雑巾モップで拭きます。

カーペット

● しっかり掃除

掃除機

❶ 一方向に掃除機をかけます。
❷ ❶と垂直の方向に掃除機をかけます。
❸ 家具を移動させながら、全体に掃除機をかけます。

カーペットのちょこちょこ掃除

ちょっとしたお掃除には、カーペットスウィーパーが便利です。大きなローラー型のブラシにＡ４サイズくらいのカバーがつき、取っ手がついているカーペットの掃除道具。私はドイツのメーカー、ケルヒャーの電動式カーペットスウィーパーをもっていました。モーターでグングン汚れをとってくれるので、カーペットやラグの掃除に便利です。
最近はスタンドタイプの小型掃除機も出てきていますし、ロールタイプの粘着テープにもち手がついて、クルクル回しながら汚れをとるものもあります。
カーペットのちょっとした汚れはそうしたもので応急処置。本格的にやる時は、時間をかけながら掃除機をゆっくりかけて、汚れを吸いとります。

カーペットのダニ

〇ちょこちょこ掃除

掃除機

❶ 一方向にできるだけゆっくりと掃除機をかけます。１㎡に20秒が目安です。
❷ ❶と垂直の方向に掃除機をかけます。
❸ 家具を移動させながら、全体に掃除機をかけます。

● しっかり掃除

掃除機　　スチームクリーナー　　布

❶ 家具を移動させながら、全体に掃除機をかけます。
❷ スチームクリーナーに床用のアタッチメントをとりつけ、布をはさみます。
❸ スチームをかけながら、汚れをこすり落とします。
❹ よく乾かして仕上げます。

| 照明 | 床 | 壁・天井 | リビングのにおい | ペットのにおい |

ビニールタイルの床

○ ちょこちょこ掃除（ほうきを使う）

茶殻　ほうき　ちりとり

❶ 茶殻は軽くしぼって、部屋の隅におきます。
❷ ソファやテーブルの下などは、ほうきを差しこんで、ほこりを掃きだします。
❸ 茶殻を部屋全体に移動させるつもりで、すみずみまで掃きます。
❹ ほこりと茶殻を、ほうきでちりとりにとり、捨てます。

○ ちょこちょこ掃除（掃除機を使う）

掃除機

❶ 部屋の隅から、掃除機でほこりを吸いとります。
❷ 必要に応じて、家具を移動させて家具の下のほこりも吸いとります。

● しっかり掃除

クエン酸水　掃除機　雑巾モップ

❶ 部屋の隅から、掃除機でほこりを吸いとります。
❷ 必要に応じて、家具を移動させて家具の下のほこりも吸いとります。
❸ クエン酸水をスプレーしながら、雑巾モップで拭きます。

床についたクレヨン

◆ 速攻掃除

石けん　重曹　クエン酸水

ポンポンたわし　布　雑巾モップ

❶ 石けんをつけて泡立て、重曹を振りかけたポンポンたわしで、汚れをこすり落とします。
❷ 布で汚れを拭きとります。
❸ クエン酸水をスプレーしながら、雑巾モップで拭いて仕上げます。

床についた シール

◆ 速攻掃除

クエン酸水　ポンポンたわし　布

❶ シールにクエン酸水をたっぷりスプレーします。
❷ シールにクエン酸水が浸透したら、ポンポンたわしでこすり落とします。
❸ 布で拭いて仕上げます。

> **お掃除のヒント**
> クエン酸水だけでは落ちない時は、シールにクエン酸水をたっぷりスプレーして、シールの接着剤を柔らかくしてから、重曹小さじ 1/3 を振りかけ、ポンポンたわしでこすり落とします。その後、クエン酸水をスプレーし、布で拭いて仕上げます。

床についた 嘔吐物

◆ 速攻掃除

重曹　クエン酸水　布　雑巾モップ

❶ 嘔吐物はトイレに流します。
❷ 汚れにうっすらと重曹を振りかけ、布で汚れをこすり落とします。
❸ クエン酸水をスプレーしながら、雑巾モップで拭いて仕上げます。
❹ においなどが気になる場合は、❷〜❸をくり返します。

カーペットについた 嘔吐物

◆ 速攻掃除

塩　石けん　クエン酸水

布　ポンポンたわし　スチームクリーナー

❶ 嘔吐物はトイレに流します。
❷ 汚れに塩を振りかけます。
❸ 布で汚れを拭きとります。
❹ 石けんをつけて泡立てたポンポンたわしで、汚れをこすり落とします。
❺ クエン酸水をスプレーしながら、布でたたくようにして、汚れを拭きとります。
❻ 水滴が残らないように、乾拭きします。
❼ スチームクリーナーをかけ、よく乾かして仕上げます。

壁・天井

木の壁

〇 ちょこちょこ掃除

羽根バタキ　ほうき　ちりとり

❶ 羽根バタキで上から下へ、壁面をなでるようにして、静かにほこりを落とします。
❷ 床に落ちたほこりを、ほうきでちりとりにとり、捨てます。

● しっかり掃除

石けん　重曹　クエン酸水

羽根バタキ　ポンポンたわし　布

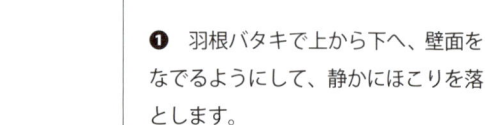

❶ 羽根バタキで上から下へ、壁面をなでるようにして、静かにほこりを落とします。

❷ 石けんをつけて泡立て、重曹を振りかけたポンポンたわしで、壁をたたくようにして、汚れを落とします。

❸ クエン酸水をスプレーした布で、壁をたたくようにして、汚れを拭きとります。

❹ 別の布で乾拭きして仕上げます。

> ❗ 水分が残っていると、木を傷めることがあるので、十分に乾拭きをしてください。

壁紙

○ちょこちょこ掃除

羽根バタキ　ほうき　ちりとり

❶ 羽根バタキで上から下へ、壁面をなでるようにして、静かにほこりを落とします。

❷ 床に落ちたほこりを、ほうきでちりとりにとり、捨てます。

● しっかり掃除

石けん　重曹　クエン酸水

羽根バタキ　ポンポンたわし　布

❶ 羽根バタキで上から下へ、壁面をなでるようにして、静かにほこりを落とします。

❷ 石けんをつけて泡立て、重曹を振りかけたポンポンたわしで、壁をたたくようにして、汚れを落とします。

❸ クエン酸水をスプレーした布で、壁をたたくようにして、汚れを拭きとります。

❹ 別の布で乾拭きして仕上げます。

> **ほうれん草で手あかをとる**
>
> ほうれん草に含まれるシュウ酸で、汚れを落とすことができます。ほうれん草に含まれるシュウ酸はタンパク質を分解するので、手あかなどの汚れを落とすことができるのです。トントンとたたいていると、壁が白くなっていってよい気分です。友人にそう話したら、「白い壁紙に緑のゆで汁をつけるとシミにならない?」と心配そう。
>
> 幸いわが家の壁は汚れだけが落ちてシミにはなりませんでした。が、壁紙の種類によってはシミになったり、のりがはげてしまったりすることがあるかもしれません。事前に目立たないところで試して、様子を確認してください。

壁についたシール

◆ 速攻掃除

クエン酸水　ポンポンたわし　布

❶ シールにクエン酸水をたっぷりスプレーします。
❷ シールにクエン酸水が浸透したら、ポンポンたわしでこすり落とします。
❸ 布で乾拭きして仕上げます。

壁についたクレヨン

◆ 速攻掃除

重曹　クエン酸水　ポンポンたわし　布

❶ 軽く水でぬらし、重曹を振りかけたポンポンたわしで、壁をたたくようにして、汚れを落とします。
❷ クエン酸水をスプレーした布で、壁をたたくようにして、汚れを拭きとります。
❸ 別の布で乾拭きして仕上げます。

Q 壁の汚れを落とす時、こすらないでたたくように落とすのはなぜですか？

A 壁紙や塗り壁などは、湿ったものでこすると汚れの色は薄くなるものの、汚れそのものの面積が広がってしまうことがあります。こすった範囲まで汚れがうっすらとにじんでしまうのです。
汚れを広げないためには、たたくようにして汚れを落とすと効果的です。こする場合に比べると、多少時間はかかりますが、きれいに仕上がります。

天井

〇 ちょこちょこ掃除

羽根バタキ　ほうき　ちりとり

❶ 一方向に羽根バタキを動かし、天井をなでるようにして、静かにほこりを落とします。
❷ 床に落ちたほこりを、ほうきでちりとりにとり、捨てます。

● しっかり掃除

クエン酸水　羽根バタキ　雑巾モップ

❶ 一方向に羽根バタキを動かし、天井をなでるようにして、静かにほこりを落とします。
❷ 雑巾モップに、クエン酸水をスプレーします。
❸ ❷を天井に密着させるようにして、天井の汚れをこすり落とします。

> ❗ 壁や天井の種類や状態によっては、変色などをしてしまうことがあります。必ず事前に目立たないところで試してから、作業をしてください。

お掃除のヒント

クリーニングクロスがある時は、クリーニングクロスをセットした雑巾モップで天井を拭くと、きれいになります。

リビングのにおい

嘔吐物のにおい

◆ 速攻掃除

重曹　布　掃除機

❶ 嘔吐物はトイレに流します。
❷ 汚れにうっすらと重曹を振りかけ、2時間〜ひと晩おきます。
❸ 布で汚れをこすり落とします。
❹ 掃除機で汚れを吸いとって仕上げます。

タバコのにおい

○ ちょこちょこ掃除

クエン酸水　エッセンシャルオイル

❶ クエン酸水200ccにエッセンシャルオイルを数滴たらし、よく振ります。
❷ においが気になる場所に、❶をスプレーします。

お掃除のヒント
エッセンシャルオイルは、ハッカ油やペパーミントがオススメです。200ccのクエン酸水に数滴たらせば十分です。

灰皿のにおい

○ ちょこちょこ掃除

重曹

❶ 灰皿の底に重曹を敷きます。
❷ 火を消す時は重曹に押しつけて消します。

> ❗ 消臭効果は3カ月ほどといわれていますが、吸殻で汚れてきたら交換します。

ペットのにおい

犬のにおい

犬の体臭をとろうと思ったら、まずは犬に重曹少々を振りかけてにおいをとってみましょう。量は犬の大きさによってまちまちですが、ブラッシングする時に少し振りかけるようにしてみてください。

また、重曹を入れた水で水浴びをさせ、タオルでしっかり乾かす方法もあります。この場合は、水1ℓに重曹1/3～1/2カップの割合で入れた中に全身を沈めさせましょう。

○ちょこちょこ掃除

重曹　エッセンシャルオイル

ほうき　ちりとり

❶ 重曹にエッセンシャルオイルを数滴たらし、まぜます。
❷ においの気になる場所に、❶を振りかけ、2時間～ひと晩おきます。
❸ ❷をほうきでちりとりにとり、捨てます。

> **犬の体臭をおさえる**
>
> よその人が気にならない程度に犬のにおいがおさえられれば、それにこしたことはありません。そう考えると、犬がいつも過ごす場所のにおいをとることも大事ですが、ある程度犬の体臭をおさえることも考える必要があります。

猫のにおい

○ちょこちょこ掃除

クエン酸水　エッセンシャルオイル

❶ クエン酸水200ccにエッセンシャルオイルを数滴たらし、よく振ります。
❷ においが気になる場所に、❶をスプレーします。

> ❗ ルームコロンはできれば紺色や茶色など光を遮蔽する色のガラスのスプレー容器に入れ、直射日光を避けて保管します。

キッチン / リビング / ダイニング / 個室 / バスルーム / 洗面所 / トイレ / 玄関

家の中の空気をきれいに

NASA の研究成果

家の中をきれいにするなら、室内の空気をきれいにすることも考えたい。そう思います。家の中の空気って汚いの？　外の空気のほうが汚れているでしょう？　そう考える方も多いかもしれません。

でも、室内の空気には、目に見えない汚れが含まれていることがあります。たとえば、「ホルムアルデヒド」。シックハウス症候群の原因のひとつとして有名な化学物質です。このほか、キシレン、一酸化炭素や粉塵なども空気を汚すと考えられています。

空気清浄機を使えば？　そういう考え方もあるかもしれませんが、空気清浄機でとりのぞけるものは、花粉やダニ、ハウスダストなど、粉塵が中心です。今、室内の空気を汚す化学物質への対策として注目されているのが、NASAの研究でわかってきた植物を利用する方法です。

化学物質を養分にする

NASAのC・ステニス・スペースセンター環境研究試験所の元上級研究員ビリー・C・ウォルバートン博士たちは、バイオホームと呼ばれるNASAの試験所で、観葉植物で空気がきれいにできるかどうか、また、どんな観葉植物が効果的かを研究しました。

その結果、室内に植物をおくと、空気中の有害な化学物質が減ることがわかりました。植物の根のまわりにいる微生物が、化学物質を養分に変化させ、植物はそれを養分として、根から吸収し、再利用するといいます。

植物のパワー

植物をたくさんおくと、家の中がじめじめした感じになります。これは、植物の蒸散作用のせいです。植物は葉から水分を蒸発させ、それが空気中に出ていくので、観葉植物が多いと、湿度が高くなるのです。

ふつう、湿度が高くなると、カビやイヤなにおいがするなど、いいことはありません。空気もきれいになるというよりは、汚れてしまうと考えるのが一般的です。

ところが、NASAの実験では、植物をたくさんおいた部屋の湿度は確かにあがりますが、カビなどの微生物が空気中で増えることはありませんでした。それどころか、植物のない部屋と比べると、空気中の微生物の量は半分近くまで減ったといいます。

植物は地球の肺

ウォルバートン博士は、著書『How to Grow Fresh Air』(Penguin)の中で「植物はいわば地球の肺です。生き物が生きていくために必要な酸素をつくりだし、貴重な湿り気を与えてくれ、そのうえ、毒物を分解してくれるのが植物です。家に観葉植物をおくと、自然界の熱帯雨林のように、家の中の空気をきれいにしてくれるのです」といっています。

スウェーデンの環境教育学者ウォルフガング・ブルンネル先生も、人が健康に生活するためには、空気をきれいにしてくれる木はとても大切だといいます。

私は先生の授業に参加したことがありますが、その時、人間ひとりが元気に暮らすには、大きな木が25本も必要だと教わり、びっくりしました。ひとりに25本と考えると、都会には木が少なすぎるのがよくわかります。

まずは一鉢

健康な暮らしに木は欠かせません。せっかくナチュラルな素材で掃除するのですから、きれいにした室内の空気もナチュラルな状態に保ちたいものです。木が酸素を出すだけでなく、室内の有害な化学物質を減らしてくれるなら、日々の生活に上手にとり入れたい、そう思います。

「まずは1鉢、家に観葉植物をおいてみましょう」というのは「サスティナブルビルド」というインターネットサイトのウェブマスター、エレン・リードさん。一度に何本もは無理でも、できるところからはじめようというわけです。

オススメの観葉植物は?

ウォルバートン博士が、化学物質を減らす効果の大きさや、手入れがかんたんなことなど、いくつかの基準をもとに、手軽でオススメの観葉植物を著書の中で紹介しています。ウォルバートン博士の評価が高いものには、アレカヤシ、カンノンチク、ゴムノキ、スパティフィラムなどがあります。

オススメの観葉植物と特徴

アレカヤシ	ホルムアルデヒドを中心に、さまざまな化学物質の吸着力があるアレカヤシ。葉がたくさんあるので、水の蒸散量が多いことも特徴のひとつ。冬場の乾燥対策に、室内においておくとよいともいわれています。
カンノンチク	住居用洗剤などから出るアンモニアの吸着にパワーを発揮するのが濃い緑色で、大きな笹のような葉が特徴的なカンノンチク。日陰に強いので、室内でも育てやすいのが特徴です。
ゴムノキ	ホルムアルデヒドだけでなく、化学物質全般を減らしてくれる効果があるといわれるインドゴムノキは、肉厚で楕円形の大きな葉をつける、観葉植物の定番です。
スパティフィラム	うちわのような葉と、葉に似た形の白い花が特徴的な観葉植物です。楚々とした外見ながら、化学物質を減らす効果はかなりのもの。ホルムアルデヒドのほか、トルエンやベンゼン、キシレン、アンモニア、トリクロロエチレンなどの化学物質を吸着します。

ダイニング

食べこぼしやこびりつきが中心の
ダイニングの汚れ。
拭き掃除を基本に汚れを落とします。
床は掃き掃除、
それ以外のお手入れの方法は
素材ごとに少しずつ違います。
おうちのダイニングの
素材にあったお手入れの方法を
覚えましょう。

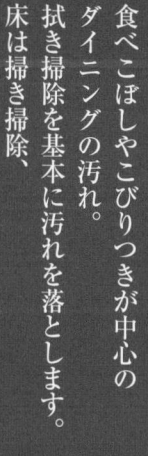

|テーブル|イス|ベビーチェア|収納|床|壁・天井|

テーブル

木のテーブル

○ ちょこちょこ掃除

クエン酸水　布

----

❶ 全体にクエン酸水をスプレーします。
❷ 布で汚れを拭きとります。

● しっかり掃除

重曹　クエン酸水　ポンポンたわし　布

❶ 軽く水でぬらし、重曹を振りかけたポンポンたわしで、汚れをこすり落とします。
❷ 布で汚れを拭きとります。
❸ 全体にクエン酸水をスプレーし、別の布で拭いて仕上げます。

> ❗ 木の種類や状態によっては、シミになることがあります。必ず事前に目立たないところで試してから、作業をしてください。

台布巾をやめてみる

テーブルのちょこちょこ掃除の必需品といえば台布巾です。朝一番、ぬらしたばかりの台布巾はいいのですが、すぐに洗って干さないと、においが気になることがあります。特に暑い夏のあいだは、くさくなりやすい台布巾。くさくなるということは、雑菌が繁殖しているということですから、それを使ってテーブルを拭くというのは、果たして清潔なのかどうか……。

クエン酸水でテーブルを拭くようになってから、私は台布巾を使わなくなりました。テーブル全体にクエン酸水をスプレーしたら、乾いた布でテーブルを拭き、布はそのまま洗濯機で洗ってしまいます。

以前そんな話をしたら、「台布巾を洗濯物と一緒に洗うのは不潔です。そんなことをしてはいけません」といわれたことがあります。

でも……ハンカチなどと一緒に洗って、しっかり乾かした布をこまめにかえながらテーブルを拭いたほうが、なんだかにおう台布巾で拭くよりよっぽど清潔なんじゃないかと、私自身は考えています。

プラスチックのテーブル

○ ちょこちょこ掃除

クエン酸水　布

❶ 全体にクエン酸水をスプレーします。
❷ 布で汚れを拭きとります。

● しっかり掃除

重曹　クエン酸水　ポンポンたわし　布

❶ 軽く水でぬらし、重曹を振りかけたポンポンたわしで、汚れをこすり落とします。
❷ 布で汚れを拭きとります。
❸ 全体にクエン酸水をスプレーし、別の布で拭いて仕上げます。

納豆には酸が効く

子どもたちが納豆をこぼしたテーブルは、いつまでも粘りがとれないので、あわただしい朝ごはんに納豆を出すのは考えものだと思っていました。

ところが、クエン酸でテーブルを拭くようになったら、納豆の粘りがすっきりとれるのです。

そんな話をミツカンでしたら、「そうなんですよ、納豆菌の出すポリグルタミン酸という物質が粘りの原因なんですが、これは酸に弱いんです」と教えてくださいました。

なるほど！　だから、酢やクエン酸で拭くと、納豆の食べこぼしもきれいにとれるのですね。

そんな話を仕事の時にしていたら、イラストレーターの大橋歩さんが、「ということは、納豆と酢のものは食べあわせが悪いのかしら？」とおっしゃいました。確かに、酸で納豆の粘りがなくなってしまうということは、酸が納豆の働きを台なしにするいうことかもしれません。

重ねてミツカンに聞いてみたところ、ポリグルタミン酸は、納豆菌が自分を守るために出す物質なので、この粘りがなくなっても、納豆菌の働きそのものは失われないという答えが返ってきました。

以来、納豆のこぼれたテーブルはクエン酸水できれいに。ベトベトの納豆容器やお茶碗は酢水につけて処理しています。こうすれば、お茶碗を洗ったあとのスポンジが納豆でベトベト！　なんていうことも、おこりません。

キッチン　リビング　ダイニング　個室　バスルーム　洗面所　トイレ　玄関

ガラスのテーブル

○ ちょこちょこ掃除

炭酸水　布

❶ 全体に炭酸水をスプレーします。
❷ 布で汚れを拭きとります。

● しっかり掃除

重曹　クエン酸水　炭酸水

ポンポンたわし　布

❶ 軽く水でぬらし、重曹を振りかけたポンポンたわしで、汚れをこすり落とします。
❷ 全体にクエン酸水をスプレーし、布で拭きます。
❸ 炭酸水をスプレーし、別の布で拭いて仕上げます。

石のテーブル

○ ちょこちょこ掃除

布

❶ 軽く水でぬらし、固くしぼった布で、汚れをこすり落とします。

● しっかり掃除

重曹　布　ポンポンたわし

❶ 軽く水でぬらし、固くしぼった布で、汚れをこすり落とします。
❷ 軽く水でぬらし、重曹を振りかけたポンポンたわしで、汚れをこすり落とします。
❸ 布で汚れを拭きとります。
❹ 軽く水でぬらし、固くしぼった別の布で、よく拭いて仕上げます。

お掃除のヒント

クエン酸水は、スプレーすると、汚れがスッと落とせるので、テーブルのお掃除には必須アイテムですが、残念ながら、大理石をはじめとする石のテーブルには向きません。石にはカルシウムや石灰分など、アルカリ成分が含まれていることが多いために、酸性のクエン酸をかけると、表面がザラザラになるなどのダメージを受けることがあるからです。

イス

木のイス

〇 ちょこちょこ掃除

クエン酸水　布

❶ 汚れにクエン酸水をスプレーします。
❷ 布で汚れを拭きとります。

> ❗ 木の種類や状態によっては、シミになることがあります。必ず事前に目立たないところで試してから、作業してください。

● しっかり掃除

重曹　クエン酸水

ポンポンたわし　歯ブラシ　布

キッチン / リビング / ダイニング / 個室 / バスルーム / 洗面所 / トイレ / 玄関

❶ 軽く水でぬらし、重曹を振りかけたポンポンたわしで、表面や溝の凹凸をこすります。
❷ ポンポンたわしで届きにくい部分は、歯ブラシを使います。
❸ 布で汚れを拭きとります。
❹ 全体にクエン酸水をスプレーし、別の布で拭きます。
❺ 別の布で乾拭きして仕上げます。

> ❗ 水分が残っていると、木を傷めることがあるので、十分に乾拭きをしてください。

ダイニングのイスはクエン酸でも

ダイニングのテーブルやイスは、水がこぼれたり、ワインをこぼしてしまったりすることは当然起こります。家具をつくる人たちも、きっと、いろいろなものがこぼれても大丈夫な塗装を考えてつくっているに違いありません。そういう意味では、ダイニングの家具はちょっと手荒く扱っても大丈夫なハズ。私はそう高をくくっているので、ダイニングのイスはクエン酸水をスプレーして拭いてしまっています。
もちろん、本来ダイニング用ではないイスを転用しているとか、水には弱いので絶対にぬらさないでくださいという注意書きがある場合は別です。そういう時は、クエン酸水などはスプレーせず、リビングや個室で使うイスと同様のお手入れをします。

プラスチックのイス

○ ちょこちょこ掃除

クエン酸水　布

❶ 汚れにクエン酸水をスプレーします。
❷ 布で汚れを拭きとります。

● しっかり掃除

重曹　クエン酸水　ポンポンたわし　布

❶ 軽く水でぬらし、重曹を振りかけたポンポンたわしで、汚れをこすり落とします。
❷ 布で汚れを拭きとります。
❸ 全体にクエン酸水をスプレーし、別の布で拭いて仕上げます。

ビニールのイス

〇 ちょこちょこ掃除

クエン酸水　布

❶ クッションのまわりやすきまに入りこんだ汚れは、人指し指に布を巻きつけて、かき出します。
❷ 汚れにクエン酸水をスプレーします。
❸ 布で汚れを拭きとります。

● しっかり掃除

重曹　クエン酸水　布　ポンポンたわし

❶ クッションのまわりやすきまに入りこんだ汚れは、人指し指に布を巻きつけて、かき出します。
❷ 軽く水でぬらし、重曹を振りかけたポンポンたわしで、汚れをこすり落とします。
❸ 布で汚れを拭きとります。
❹ 全体にクエン酸水をスプレーし、別の布で拭いて仕上げます。

ベビーチェア

木のベビーチェア

〇 ちょこちょこ掃除

クエン酸水　布

❶ クッションをとり外し、汚れをはたき落とします。
❷ テーブルについた食べこぼしは、布で拭きとります。
❸ 汚れにクエン酸水をスプレーします。
❹ 布で汚れを拭きとります。

● しっかり掃除

重曹　クエン酸水　布　ポンポンたわし

❶ クッションをとり外し、汚れをはたき落とします。
❷ テーブルについた食べこぼしは、布で拭きとります。

キッチン

リビング

ダイニング

個室

バスルーム

洗面所

トイレ

玄関

❸ こびりついた汚れは、軽く水でぬらし、重曹を振りかけたポンポンたわしで、こすり落とします。
❹ 布で汚れを拭きとります。
❺ 汚れが残っている場合は、❸〜❹をくり返します。
❻ 全体にクエン酸水をスプレーし、別の布で拭いて仕上げます。

プラスチックやビニールのベビーチェア

○ ちょこちょこ掃除

クエン酸水　布

❶ クッションをとり外し、汚れをはたき落とします。
❷ テーブルについた食べこぼしは、布で拭きとります。
❸ 汚れにクエン酸水をスプレーします。
❹ 布で汚れを拭きとります。

● しっかり掃除

重曹　クエン酸水　布　ポンポンたわし

❶ クッションをとり外し、汚れをはたき落とします。
❷ テーブルについた食べこぼしは、布で拭きとります。
❸ こびりついた汚れは、軽く水でぬらし、重曹を振りかけたポンポンたわしで、こすり落とします。
❹ 布で汚れを拭きとります。
❺ 汚れが残っている場合は、❸〜❹をくり返します。
❻ 全体にクエン酸水をスプレーし、別の布で拭いて仕上げます。

収納

食器棚

○ ちょこちょこ掃除

クエン酸水　布

❶ 汚れにクエン酸水をスプレーします。
❷ 布で汚れを拭きとります。
❸ 別の布で乾拭きして仕上げます。

● しっかり掃除

クエン酸水　布　ポンポンたわし

❶ 中の食器を出し、外せる棚板はとり外します。
❷ 棚全体と棚板を布で乾拭きし、ほこりを落とします。
❸ 手あかなどの汚れは、軽く水でぬらしたポンポンたわしで、こすり落とします。
❹ 布で汚れを拭きとります。
❺ クエン酸水をスプレーした布で、よく拭いて仕上げます。

> ❗ 水分が残っていると、木を傷めることがあるので、十分に乾拭きをしてください。

食器棚のガラス面

○ ちょこちょこ掃除

炭酸水　布

❶ 桟のほこりは、布で拭きとります。
❷ ガラスの上部2～3カ所に炭酸水をスプレーし、上から下へ別の布で拭いて仕上げます。

● しっかり掃除

重曹　クエン酸水　炭酸水

ポンポンたわし　布

❶ こびりついた汚れは、軽く水でぬ

らし、重曹を振りかけたポンポンたわしで、こすり落とします。

❷ 布で汚れを拭きとります。

❸ 全体にクエン酸水をスプレーし、布で拭きます。

❹ 炭酸水をスプレーし、別の布で拭いて仕上げます。

床

フローリングの床

○ ちょこちょこ掃除（ほうきを使う）

茶殻　ほうき　ちりとり

❶ 茶殻は軽くしぼって、部屋の隅におきます。

❷ テーブルの下などは、ほうきを差しこんで、ほこりを掃きだします。

❸ 茶殻を部屋全体に移動させるつもりで、すみずみまで掃きます。

❹ ほこりと茶殻を、ほうきでちりとりにとり、捨てます。

○ ちょこちょこ掃除（掃除機を使う）

掃除機

❶ 部屋の隅から、掃除機でほこりを吸いとります。

❷ 必要に応じて、家具を移動させて

家具の下のほこりも吸いとります。

● **しっかり掃除**

クエン酸水　掃除機　雑巾モップ

❶　部屋の隅から、掃除機でほこりを吸いとります。
❷　必要に応じて、家具を移動させて家具の下のほこりも吸いとります。
❸　クエン酸水をスプレーしながら、雑巾モップで拭きます。

> ❗ 木の種類や状態によっては、シミになることがあります。必ず事前に目立たないところで試してから、作業をしてください。

コルクの床

○ **ちょこちょこ掃除（ほうきを使う）**

茶殻　ほうき　ちりとり

❶　茶殻は軽くしぼって、部屋の隅におきます。
❷　テーブルの下などは、ほうきを差しこんで、ほこりを掃きだします。
❸　茶殻を部屋全体に移動させるつもりで、すみずみまで掃きます。
❹　ほこりと茶殻を、ほうきでちりとりにとり、捨てます。

○ **ちょこちょこ掃除（掃除機を使う）**

掃除機

❶　部屋の隅から、掃除機でほこりを吸いとります。
❷　必要に応じて、家具を移動させて家具の下のほこりも吸いとります。

● **しっかり掃除**

クエン酸水　掃除機　雑巾モップ

❶　部屋の隅から、掃除機でほこりを吸いとります。
❷　必要に応じて、家具を移動させて家具の下のほこりも吸いとります。
❸　クエン酸水をスプレーしながら、雑巾モップで拭きます。

テーブル / イス / ベビーチェア / 収納 / **床** / 壁・天井

カーペット

● しっかり掃除

掃除機

❶ 一方向に掃除機をかけます。
❷ ❶と垂直の方向に掃除機をかけます。
❸ 家具を移動させながら、全体に掃除機をかけます。

カーペットのダニ

○ ちょこちょこ掃除

掃除機

❶ 一方向にできるだけゆっくりと掃除機をかけます。1㎡に20秒が目安です。
❷ ❶と垂直の方向に掃除機をかけます。

❸ 家具を移動させながら、全体に掃除機をかけます。

● しっかり掃除

掃除機　　スチームクリーナー　　布

❶ 家具を移動させながら、全体に掃除機をかけます。
❷ スチームクリーナーに床用のアタッチメントをとりつけ、布をはさみます。
❸ スチームをかけながら、汚れをこすり落とします。
❹ よく乾かして仕上げます。

ビニールタイルの床

○ ちょこちょこ掃除(ほうきを使う)

茶殻　　ほうき　　ちりとり

❶ 茶殻は軽くしぼって、部屋の隅におきます。
❷ テーブルの下などは、ほうきを差しこんで、ほこりを掃きだします。
❸ 茶殻を部屋全体に移動させるつも

りで、すみずみまで掃きます。

❹ ほこりと茶殻を、ほうきでちりとりにとり、捨てます。

〇 ちょこちょこ掃除（掃除機を使う）

掃除機

❶ 部屋の隅から、掃除機でほこりを吸いとります。

❷ 必要に応じて、家具を移動させて家具の下のほこりも吸いとります。

● しっかり掃除

クエン酸水　掃除機　雑巾モップ

❶ 部屋の隅から、掃除機でほこりを吸いとります。

❷ 必要に応じて、家具を移動させて家具の下のほこりも吸いとります。

❸ クエン酸水をスプレーしながら、雑巾モップで拭きます。

床についた食べこぼしやこびりつき

◆ 速攻掃除

クエン酸水　ポンポンたわし　雑巾モップ

❶ 軽く水でぬらしたポンポンたわしで、汚れをこすり落とします。

❷ クエン酸水をスプレーしながら、雑巾モップで拭いて仕上げます。

Q 子どもが小さいので、床に食べこぼしがたくさん落ちてしまいます。新聞紙を敷いて食べさせても、床は傷みませんか？

A 小さい子どもの食べこぼし対策は、頭が痛いですね。わずか数年のこととはいえ、毎日ですからお母さんは大変です。

私も子どもが小さいころ、食事用のイスのまわりに新聞紙を敷いていた時期がありました。けれども、水や汁ものがこぼれると、新聞紙が床にはりついてしまい、時には新聞の印刷が床に写ってしまうことがありました。

そこで、ふたり目の時は、床におくタイプのベビーチェアではなく、テーブルに引っかけるタイプのイスを使い、

床にバスマットを敷きました。これなら汁物は布で拭きとれますし、食べこぼしたものはそのまままとめてゴミ箱に捨てられるので、後片づけがずいぶんラクになった記憶があります。

床についた嘔吐物

◆ 速攻掃除

重曹　クエン酸水　布　雑巾モップ

❶ 嘔吐物はトイレに流します。
❷ 汚れにうっすらと重曹を振りかけ、布で汚れをこすり落とします。
❸ クエン酸水をスプレーしながら、雑巾モップで拭いて仕上げます。
❹ においなどが気になる場合は、❷〜❸をくり返します。

カーペットについた嘔吐物

◆ 速攻掃除

塩　石けん　クエン酸水

布　ポンポンたわし　スチームクリーナー

❶ 嘔吐物はトイレに流します。
❷ 汚れに塩を振りかけます。
❸ 布で汚れを拭きとります。
❹ 石けんをつけて泡立てたポンポンたわしで、汚れをこすり落とします。
❺ クエン酸水をスプレーしながら、布でたたくようにして、汚れを拭きとります。
❻ 水滴が残らないように、乾拭きします。
❼ スチームクリーナーをかけ、よく乾かして仕上げます。

> **お掃除のヒント**
>
> カーペットがウールでなければ、嘔吐物を捨てたあとに重曹を振りかけると、においを吸いとることができます。とり外せるカーペットなら重曹をかけてからビニール袋などに入れておくと、消臭力はさらにアップ。

床についた生卵

◆ 速攻掃除

塩　クエン酸水　布　雑巾モップ

❶ 全体に塩をたっぷり振りかけます。
❷ 布で卵を包みこむようにして、とり除きます。
❸ クエン酸水をスプレーしながら、雑巾モップで拭いて仕上げます。

> **お掃除のヒント**
> 塩をかけると生卵は少し固くなり、まとめやすくなります。床以外に生卵を落としてしまった時にもこの方法は応用できます。

カーペットについた生卵

◆ 速攻掃除

塩　布

❶ 全体に塩をたっぷり振りかけます。
❷ 布で卵を包みこむようにして、とり除きます。
❸ 軽く水でぬらし、固くしぼった布で、上からたたくようにして、汚れを拭きとります。
❹ 水滴が残らないように、乾拭きして仕上げます。

● しっかり掃除

塩　石けん　クエン酸水

布　ポンポンたわし

❶ 全体に塩をたっぷり振りかけます。
❷ 布で卵を包みこむようにして、とり除きます。

❸ 石けんをつけて泡立てたポンポンたわしで、汚れをこすり落とします。
❹ クエン酸水をスプレーしながら、布でたたくようにして、汚れを拭きとります。
❺ 水滴が残らないように、乾拭きして仕上げます。

> ❗ ウールのカーペット、特にペルシャ絨毯などは、応急処置をしたら、できるだけ早く専門の業者にクリーニングを依頼します。

お掃除のヒント
卵はタンパク質ですから、熱は禁物です。塩を加えると白身がまとめやすくなり、かんたんにとり除くことができます。

カーペット（ウール）についた油

◆ 速攻掃除

塩　布

❶ しみこむ前に、乾いた布で包みこむようにして油を吸いとります。
❷ 汚れに塩を振りかけます。
❸ 布で汚れを拭きとります。

お掃除のヒント
スチームクリーナーがあれば、蒸気をかけて仕上げます。

ウールのカーペットは塩で

においをとるには、重曹を使うのが王道！　ところが、アルカリ性の重曹は、時としてウールのカーペットの色落ちや変色を引きおこしてしまうことがあります。ですから、ウールに重曹を振りかける時は、まずはどこか目立たないところで試してみます。
とはいえ、変色してしまうからといって汚れたまま放置するわけにもいきません。
何かいい方法はないかしらと思っていた時に、ペルシャじゅうたんのメンテナンスの専門家に教えてもらったのが塩でした。塩でにおいや湿気を吸いとれば、変色などの心配はないとのことでした。重曹ほどのパワーはないかもしれませんが、どうしようもない時は塩をかけて対応します。
とはいえ、これも最初は目立たないところで問題がないことを確認してから、作業してください。

● しっかり掃除

重曹　石けん　クエン酸水

布　ポンポンたわし　スチームクリーナー

❶ しみこむ前に、乾いた布で包みこむようにして油を吸いとります。
❷ 汚れに重曹を振りかけます。
❸ 布で汚れを拭きとります。
❹ 石けんをつけて泡立てたポンポンたわしで、汚れをこすり落とします。
❺ クエン酸水をスプレーしながら、布でたたくように拭きとります。
❻ 水滴が残らないように、乾拭きします。
❼ スチームクリーナーをかけ、よく乾かして仕上げます。

カーペット（ナイロン）についた油

◆速攻掃除

重曹　布

❶ しみこむ前に、乾いた布で包みこむようにして油を吸いとります。
❷ 汚れに重曹を振りかけます。
❸ 布で汚れを拭きとります。

> **お掃除のヒント**
> スチームクリーナーがあれば、蒸気をかけて仕上げます。

● しっかり掃除

重曹　石けん　クエン酸水

布　ポンポンたわし　スチームクリーナー

❶ しみこむ前に、乾いた布で包みこむようにして油を吸いとります。
❷ 汚れに重曹を振りかけます。
❸ 布で汚れを拭きとります。
❹ 石けんを泡立てたポンポンたわしで、汚れをこすり落とします。
❺ クエン酸水をスプレーしながら、布でたたくようにして、汚れを拭きとります。
❻ 水滴が残らないように、乾拭きします。
❼ スチームクリーナーをかけ、よく乾かして仕上げます。

カーペットについたソースやワイン

◆速攻掃除

炭酸水　布

テーブル / イス / ベビーチェア / 収納 / 床 / 壁・天井

❶ 布で汚れを拭きとります。
❷ 炭酸水を吹きかけて、布でたたくようにして、汚れをこすり落とします。

● しっかり掃除

石けん　クエン酸水

布　ポンポンたわし　スチームクリーナー

❶ 布で汚れを拭きとります。
❷ 石けんをつけて泡立てたポンポンたわしで、汚れをこすり落とします。
❸ クエン酸水をスプレーしながら、布でたたくようにして、汚れを拭きとります。
❹ 水滴が残らないように、乾拭きします。
❺ スチームクリーナーをかけ、よく乾かして仕上げます。

壁・天井

木の壁

○ ちょこちょこ掃除

羽根バタキ　ほうき　ちりとり

❶ 羽根バタキで上から下へ、壁面をなでるようにして、静かにほこりを落とします。
❷ 床に落ちたほこりを、ほうきでちりとりにとり、捨てます。

● しっかり掃除

石けん　重曹　クエン酸水

羽根バタキ　ポンポンたわし　布

❶ 羽根バタキで上から下へ、壁面をなでるようにして、静かにほこりを落とします。

❷ 石けんをつけて泡立て、重曹を振りかけたポンポンたわしで、壁をたたくようにして、汚れを落とします。
❸ クエン酸水をスプレーした布で、壁をたたくようにして、汚れを拭きとります。
❹ 別の布で乾拭きして仕上げます。

壁紙

○ ちょこちょこ掃除

羽根バタキ　ほうき　ちりとり

❶ 羽根バタキで上から下へ、壁面をなでるようにして、静かにほこりを落とします。
❷ 床に落ちたほこりを、ほうきでちりとりにとり、捨てます。

● しっかり掃除

石けん　重曹　クエン酸水

羽根バタキ　ポンポンたわし　布

❶ 羽根バタキで上から下へ、壁面をなでるようにして、静かにほこりを落とします。
❷ 石けんをつけて泡立て、重曹を振りかけたポンポンたわしで、壁をたたくようにして、汚れを落とします。
❸ クエン酸水をスプレーした布で、壁をたたくようにして、汚れを拭きとります。
❹ 別の布で乾拭きして仕上げます。

> ❗ 木の種類や状態によっては、シミになることがあります。必ず事前に目立たないところで試してから、作業してください。

壁についた油

◆ 速攻掃除

重曹　石けん　クエン酸水

ポンポンたわし　布

❶ 軽く水でぬらし、重曹を振りかけたポンポンたわしで、壁をたたくようにして、汚れを落とします。

❷ 汚れが落ちにくい場合は、石けんを泡立て、重曹を振りかけたポンポンたわしで、壁をたたくようにして、汚れを落とします。

❸ クエン酸水をスプレーした布で、壁をたたくようにして、汚れを拭きとります。

❹ 布で乾拭きして仕上げます。

壁についたソースやワイン

◆ 速攻掃除

炭酸水　布

❶ 布で汚れを拭きとります。

❷ 炭酸水をスプレーし、布でたたくようにして、汚れを拭きとります。

天井

○ ちょこちょこ掃除

羽根バタキ　ほうき　ちりとり

❶ 一方向に羽根バタキを動かし、天井をなでるようにして、静かにほこりを落とします。

❷ 床に落ちたほこりを、ほうきでちりとりにとり、捨てます。

● しっかり掃除

クエン酸水　羽根バタキ　雑巾モップ

❶ 一方向に羽根バタキを動かし、天井をなでるようにして、静かにほこりを落とします。

❷ 雑巾モップに、クエン酸水をスプレーします。

❸ ❷を天井に密着させるようにして、天井の汚れをこすり落とします。

お掃除のヒント
クリーニングクロスをセットした雑巾モップで拭くときれいになります。

個室

個室の汚れの中心はほこりです。
ちょこちょこはたきをかけたり
拭いたりして、
ほこりがたまらないようにします。
また、クロゼットを中心に
湿気対策も忘れずに。
空気の入れかえもかねて、
クロゼットの扉をあけて
こまめに空気を入れかえます。

ベッド

木のベッド

○ ちょこちょこ掃除

羽根バタキ

❶ 全体に羽根バタキをかけて、ほこりを落とします。

> **お掃除のヒント**
> ヘッドボードは、布で乾拭きすると汚れが落ち、つやも出ます。

● しっかり掃除

椿油　酢　羽根バタキ　布

❶ 全体に羽根バタキをかけて、ほこりを落とします。
❷ 椿油小さじ1と酢小さじ1をまぜます。
❸ 布に❷を少量つけ、汚れの気になる部分を中心によくこすります。
❹ 別の布で乾拭きして仕上げます。

> ⚠ 木の種類や状態によっては、シミになることがあります。必ず事前に目立たないところで試してから、作業をしてください。

スチールのベッド

○ ちょこちょこ掃除

羽根バタキ

❶ 全体に羽根バタキをかけて、ほこりを落とします。

● しっかり掃除

重曹　クエン酸水

羽根バタキ　ポンポンたわし　布

❶ 全体に羽根バタキをかけて、ほこりを落とします。
❷ 軽く水でぬらし、重曹を振りかけ

たポンポンたわしで、汚れをこすり落とします。

❸ クエン酸水をスプレーした布で、全体を拭きます。

❹ 軽く水でぬらし、固くしぼった別の布で拭きます。

❺ 別の布で乾拭きして仕上げます。

> **お掃除のヒント**
> スチールの上に塗装がしてあれば、クエン酸水をスプレーして、重曹を中和することは問題がありません。ただし、塗装がはげているところやスチールがむき出しの場合は、クエン酸水を使わずに、水拭きと乾拭きで仕上げます。

ビニールや樹脂のベッド

○ ちょこちょこ掃除

羽根バタキ

❶ 全体に羽根バタキをかけて、ほこりを落とします。

● しっかり掃除

重曹　クエン酸水

羽根バタキ　ポンポンたわし　布

❶ 全体に羽根バタキをかけて、ほこりを落とします。

❷ 軽く水でぬらし、重曹を振りかけたポンポンたわしで、汚れをこすり落とします。

❸ クエン酸水をスプレーした布で、よく拭いて仕上げます。

マットレス

■ 定期便掃除（1シーズンに1回）

❶ 天気のよい日に、外に出して干します。

❷ ベッドにセットする時は、表と裏をひっくり返します。

❸ さらにこれまで頭だったほうを、足のほうにしてセットします。

収納

木の棚

○ ちょこちょこ掃除

クエン酸水　布

❶ クエン酸水をスプレーした布で、汚れを拭きとります。
❷ 別の布で乾拭きして仕上げます。

> **お掃除のヒント**
> 樹脂塗料での塗装が施されていない木製の棚は、ぬかをサシェなど口のしっかりしまる袋に入れて、こまめに拭くのも一案です。ぬかの油が汚れをつきにくくしてくれます。

● しっかり掃除

重曹　クエン酸水　布　ポンポンたわし

❶ 全体を布で乾拭きし、ほこりを落とします。
❷ こびりついた汚れは、軽く水でぬらし、重曹を振りかけたポンポンたわしで、こすり落とします。
❸ 布で汚れを拭きとります。
❹ クエン酸水をスプレーした布で、よく拭きます。
❺ 別の布で乾拭きして仕上げます。

> ❗ 木の種類や状態によっては、重曹が適さないことがあります。必ず事前に目立たないところで試してから、作業をしてください。

> **お掃除のヒント**
> クエン酸水を直接スプレーする方法（P.131参照）もありますが、木を傷めてしまうのが心配な場合は、直接スプレーせずに、クエン酸水をスプレーした布で拭くようにしています。

ステンレスの棚

○ ちょこちょこ掃除

クエン酸水　布

❶ 汚れにクエン酸水をスプレーします。
❷ 布で汚れを拭きとります。
❸ 別の布で乾拭きして仕上げます。

● **しっかり掃除**

重曹　クエン酸水　布　ポンポンたわし

❶ 全体を布で乾拭きし、ほこりを落とします。
❷ こびりついた汚れは、軽く水でぬらし、重曹を振りかけたポンポンたわしで、こすり落とします。
❸ 布で汚れを拭きとります。
❹ 全体にクエン酸水をスプレーし、別の布で拭いて仕上げます。

スチールの棚

○ **ちょこちょこ掃除**

布

❶ 軽く水でぬらし、固くしぼった布で、汚れをこすり落とします。

● **しっかり掃除**

重曹　布　ポンポンたわし

❶ 全体を布で乾拭きし、ほこりを落とします。
❷ こびりついた汚れは、軽く水でぬらし、重曹を振りかけたポンポンたわしで、こすり落とします。
❸ 布で汚れを拭きとります。
❹ 軽く水でぬらし、固くしぼった布で汚れをこすり落とします。

> ❗ スチールにクエン酸をかけるとサビることがあるので、注意！乾いたあとで重曹が白く残っている場合は、❹をくり返します。

樹脂の棚

○ **ちょこちょこ掃除**

クエン酸水　布

❶ 汚れにクエン酸水をスプレーします。
❷ 布で汚れを拭きとります。

キッチン｜リビング｜ダイニング｜**個室**｜バスルーム｜洗面所｜トイレ｜玄関

❸ 別の布で乾拭きして仕上げます。

● **しっかり掃除**

重曹　クエン酸水　布　ポンポンたわし

❶ 全体を布で乾拭きし、ほこりを落とします。
❷ こびりついた汚れは、軽く水でぬらし、重曹を振りかけたポンポンたわしで、こすり落とします。
❸ 布で汚れを拭きとります。
❹ 全体にクエン酸水をスプレーし、別の布で拭いて仕上げます。

クロゼット

クロゼット

■ **定期便掃除**（3カ月〜半年に1回）

クエン酸水

羽根バタキ　ほうき　ちりとり　布

❶ 衣類など、中に入っているものをすべて出します。
❷ 内壁に羽根バタキをかけます。
❸ ほこりを、ほうきでちりとりにとり、捨てます。
❹ クエン酸水をスプレーした布で、よく拭きます。
❺ 中に入っていたものを、もとの位置にもどします。

クロゼットのにおい

◯ ちょこちょこ掃除

❶ クロゼットはこまめに扉をあけ、中に空気を通します。
❷ 衣類など、中に入っているものをすべて出して、半日程度風を通します。
❸ 中に入っていたものを、もとの位置にもどします。

> **朝晩、扉をあけるだけでも効果的**
> 朝晩着替える前後に、しばらくクロゼットの扉をあけて、空気を入れかえるようにしています。

> **お掃除のヒント**
> 家に帰ったら、その日に着たものを寝るまで吊るして、汗臭さをとってから収納するのも、においをとるには有効です。

■ 定期便掃除（1シーズンに1回）

月桂樹の葉　サシェ

❶ 乾燥させた月桂樹の葉を、目の粗い布でできたサシェに入れ、衣類とともにクロゼットに吊るしておきます。
❷ 衣類のポケットにも、1〜2枚入れておきます。

> **月桂樹はお役立ち**
> わが家には月桂樹の木が1本あります。衣類やお雛様の虫よけに月桂樹の葉を乾燥させたものを使っていたのですが、毎年かなりの量を使うため、スパイス売場で買うよりは割安かしらと、植木を1本購入しました。その葉を摘み、乾燥させて、カレーなどの料理はもちろん、虫よけなど、いろいろなことに利用しています。
> 月桂樹には、空気を浄化する機能があるといわれています。衣類に接触する場合は、きちんと乾燥させたほうが樹液などがつく心配がないと思いますが、クロゼットの天井や壁面に結びつけておくのなら、生の月桂樹の小枝をひもでしばったものでも十分です。
> 本当は、月桂樹のリースがつくれると見た目にもおしゃれでいいと思うのですが、リースは針金やペンチできれいに成形しなければならず、技術も時間も必要です。月桂樹の枝を切るたびに、一瞬「リースにしようかしら」と思うのですが、結局、そのまま麻ひもで束ね、壁にかけるだけに終わってしまっています。

クロゼットの湿気

〇 ちょこちょこ掃除

❶ クロゼットはこまめに扉をあけ、中に空気を通します。

● しっかり掃除

❶ 衣類など、中に入っているものをすべて出し、半日程度風にあてます。

❷ この間クロゼットは空にして、中を十分乾燥させます。

❸ 中に入っていたものを、もとの位置にもどします。

お掃除のヒント

除湿機がある場合は、クロゼットのある部屋を閉めきり、クロゼットの中を空にして、扉をあけたまま除湿機を1〜2時間かけるのも効果的です。

「炭で吸湿」の効果

湿気やにおい対策に炭を敷くとよいといいます。でも炭は、いったいどれくらいの水分を吸収するのでしょうか。

いくつかの本やインターネットで調べたところ、「炭が吸う水分の量は、炭の重さの10％程度」とあります。ということは、1ℓの水を吸いとるには10kgの炭が必要という計算になります。5kgの洗濯物を室内に干すと、3ℓの水が放出されるといいますから、もし室内に洗濯物を干すなら、30kgくらいの炭が必要になります。30kgってお米の袋で考えると6個分。かなりの重さですし、量も相当なものです。

ですから、クロゼットや押入れに炭を敷く時は、気持ちだけ敷きましたというのでは、効果が薄いと考えたほうがよいでしょう。少なくともkg単位で敷きこまなければ、十分な吸湿効果は期待できなさそうです。

押し入れ

押し入れ

■ 定期便掃除(3カ月〜半年に1回)

クエン酸水

羽根バタキ　ほうき　ちりとり　布

❶ 布団など、中に入っているものをすべて出します。

❷ 内壁に羽根バタキをかけます。

❸ ほこりを、ほうきでちりとりにとり、捨てます。

❹ クエン酸水をスプレーした布で、よく拭きます。

❺ 中に入っていたものを、もとの

位置にもどします。

押し入れのにおい

○ ちょこちょこ掃除

❶ 押し入れはこまめに扉をあけ、中に空気を通します。
❷ 布団など、中に入っているものをすべて出し、半日程度風を通します。
❸ 中に入っていたものを、もとの位置にもどします。

■ 定期便掃除（1シーズンに1回）

重曹　ビン　ガーゼ　輪ゴム

❶ 重曹を広口の浅めのビンに入れます。
❷ ビンの口に一重のガーゼをかぶせ、輪ゴムをつけます。
❸ 押入れの隅の倒れにくいところに、おきます。

押し入れの湿気

○ ちょこちょこ掃除

❶ 押し入れはこまめに扉をあけ、中に空気を通します。

> **お掃除のヒント**
> 押入れのふすまがとれる場合は、ふすまをすべてとり払って、突っ張り棒でのれんをかけるのも一案です。こうしておけば、風がずっと通りやすくなります。

● しっかり掃除

❶ 布団など、中に入っているものをすべて出し、半日程度風にあてます。
❷ この間押入れは空にして、中を十分乾燥させます。
❸ 中に入っていたものを、もとの位置にもどします。

サイドタブ: ベッド / 収納 / クロゼット / 押し入れ / **机** / イス / パソコン / ドア

机

木の机

> ⚠ 木の種類や状態によっては、シミになることがあります。必ず事前に目立たないところで試してから、作業をしてください。

〇 ちょこちょこ掃除

クエン酸水　布

❶　全体にクエン酸水をスプレーします。
❷　布で汚れを拭きとります。

● しっかり掃除

重曹　クエン酸水　ポンポンたわし　布

❶　軽く水でぬらし、重曹を振りかけたポンポンたわしで、汚れをこすり落とします。
❷　布で汚れを拭きとります。
❸　全体にクエン酸水をスプレーし、別の布で拭いて仕上げます。

プラスチックの机

〇 ちょこちょこ掃除

クエン酸水　布

❶　全体にクエン酸水をスプレーします。
❷　布で汚れを拭きとります。

● しっかり掃除

重曹　クエン酸水　ポンポンたわし　布

❶　軽く水でぬらし、重曹を振りかけたポンポンたわしで、汚れをこすり落とします。
❷　布で汚れを拭きとります。
❸　全体にクエン酸水をスプレーし、別の布で拭いて仕上げます。

ガラスの机

〇 ちょこちょこ掃除

炭酸水　布

❶ 全体に炭酸水をスプレーします。
❷ 布で汚れを拭きとります。

● しっかり掃除

重曹　クエン酸水　炭酸水

ポンポンたわし　布

❶ 軽く水でぬらし、重曹を振りかけたポンポンたわしで、汚れをこすり落とします。
❷ 全体にクエン酸水をスプレーし、布で拭きます。
❸ 炭酸水をスプレーし、別の布で拭いて仕上げます。

イス

木のイス

〇 ちょこちょこ掃除

クエン酸水　布

❶ 汚れにクエン酸水をスプレーします。
❷ 布で汚れを拭きとります。

● しっかり掃除

重曹　椿油　酢

ポンポンたわし　歯ブラシ　布

❶ 軽く水でぬらし、重曹を振りかけたポンポンたわしで、表面や溝の凹凸をこすります。
❷ ポンポンたわしで届きにくい部分は、歯ブラシを使います。

❸ 布で汚れを拭きとります。
❹ 椿油小さじ1と酢小さじ1をまぜます。
❺ 布に❹を少量つけ、汚れの気になる部分を中心によくこすります。
❻ 別の布で乾拭きして仕上げます。

> ❗ 木の種類や状態によっては、シミになることがあります。必ず事前に目立たないところで試してから、作業をしてください。

プラスチックのイス

〇 ちょこちょこ掃除

クエン酸水　布

❶ 汚れにクエン酸水をスプレーします。
❷ 布で汚れを拭きとります。

● しっかり掃除

重曹　クエン酸水　ポンポンたわし　布

❶ 軽く水でぬらし、重曹を振りかけたポンポンたわしで、汚れをこすり落とします。
❷ 布で汚れを拭きとります。
❸ 全体にクエン酸水をスプレーし、別の布で拭いて仕上げます。

ビニールのイス

〇 ちょこちょこ掃除

クエン酸水　布

❶ クッションのまわりやすきまに入りこんだ汚れは、人指し指に布を巻きつけて、かきだします。
❷ 汚れにクエン酸水をスプレーします。
❸ 布で汚れを拭きとります。

● しっかり掃除

重曹　クエン酸水　布　ポンポンたわし

❶ クッションのまわりやすきまに入りこんだ汚れは、人指し指に布を巻きつけて、かきだします。

❷ 軽く水でぬらし、重曹を振りかけたポンポンたわしで、汚れをこすり落とします。
❸ 布で汚れを拭きとります。
❹ 全体にクエン酸水をスプレーし、別の布で拭いて仕上げます。

パソコン

パソコンの本体

○ ちょこちょこ掃除

羽根バタキ　布

❶ 上から下へ羽根バタキをかけ、ほこりを落とします。
❷ 背面から接続コードが出ている場合は、コード周辺にも羽根バタキをかけ、ほこりをていねいに落とします。
❸ 布で乾拭きして仕上げます。

パソコンのモニター

○ ちょこちょこ掃除

羽根バタキ　布

サイドタブ: ベッド / 収納 / クロゼット / 押し入れ / 机 / イス / パソコン / ドア

❶ 上から下へ羽根バタキをかけ、ほこりを落とします。
❷ 布で乾拭きして仕上げます。

● **しっかり掃除**

重曹　クエン酸水　羽根バタキ　布

❶ 上から下へ羽根バタキをかけ、ほこりを落とします。
❷ モニターを布で乾拭きします。
❸ モニター周辺の手あかや静電気などの汚れは、固くしぼり、重曹をつけた布でこすり落とします。
❹ クエン酸水をスプレーした布で、プラスチック部分を拭きます。

> ❗ キーボードの内部に重曹やクエン酸水が入らないように気をつけます。

お掃除のヒント
モニターはキズがつきやすいので、柔らかくてケバの出ない布を使って拭きます。
「トレシー」や「あっちこっちふきん」といった商品名で販売されているクリーニングクロスで拭くと、ちょっとした手あかなども落ちるので便利です。

パソコンの ケーブル・コネクタ

○ **ちょこちょこ掃除**

羽根バタキ　布

❶ ケーブルとコネクタを外します。
❷ 全体に羽根バタキをかけ、ほこりを落とします。
❸ 布で乾拭きして仕上げます。

パソコンの キーボード

○ **ちょこちょこ掃除**

布　新聞紙

❶ キーボードのケーブルを外します。
❷ キーボード全体を布で乾拭きし、ほこりを落とします。
❸ 新聞紙を広げた上で、キーボードを逆さにして軽く振り、内側のほこりや汚れを落とします。

● **しっかり掃除**

重曹　クエン酸水

布　綿棒　新聞紙

❶ キーボードのケーブルを外します。
❷ キーボード全体を布で乾拭きし、ほこりを落とします。
❸ キーのすきまのほこりは、綿棒でとり除きます。
❹ 新聞紙を広げた上で、キーボードを逆さにして軽く振り、内側のほこりや汚れを落とします。
❺ 手あかなどの汚れは、固くしぼった布に、少量の重曹をつけたもので、こすり落とします。
❻ クエン酸水をスプレーした布で、キーボードのまわりを拭いて仕上げます。

> **お掃除のヒント**
> 綿棒の入りにくい部分のほこり対策に、風を拭きかけてほこりをとる道具や、静電気をとるための羽根バタキなど、パソコンショップに行くといろいろなお手入れ道具が出ています。使いやすそうなものをそろえるのも一案です。また、キーボードカバーをして、汚れを防ぐという方法もあります。

ノートパソコン

○ **ちょこちょこ掃除**

布

❶ モニターやキーボードを布で乾拭きし、ほこりを落とします。

> **お掃除のヒント**
> クリーニングクロスで拭き掃除をすると効果的です。メガネや携帯モニタークリーナーなども便利です。

● **しっかり掃除**

重曹　クエン酸水

布　綿棒　新聞紙

❶ モニターやキーボードを布で乾拭きし、ほこりを落とします。
❷ カーソルを動かす操作パネルも、乾拭きして汚れを落とします。
❸ キーのすきまのほこりは、綿棒でとり除きます。

❹ 新聞紙を広げた上で、キーボードを逆さにして軽く振り、内側のほこりや汚れを落とします。

❺ 手あかなどの汚れは、固くしぼった布に、少量の重曹をつけたもので、こすり落とします。

❻ クエン酸水をスプレーした布で、キーボードのまわりを拭いて仕上げます。

ドア

木の室内ドア

○ ちょこちょこ掃除

布

❶ 布でていねいに乾拭きします。

● しっかり掃除

布

❶ 布でていねいに乾拭きします。
❷ 軽く水でぬらし、固くしぼった布で、汚れをこすり落とします。
❸ 別の布で乾拭きして仕上げます。

ガラスの室内ドア

○ ちょこちょこ掃除

布

❶ 布でていねいに乾拭きします。

● しっかり掃除

炭酸水　布

❶ 全体に炭酸水をスプレーします。
❷ 布でていねいに乾拭きします。

ふすま

○ ちょこちょこ掃除

羽根バタキ　ほうき　ちりとり

❶ 羽根バタキで上から下へ、ふすま紙をなでるようにして、静かにほこりを落とします。
❷ 床に落ちたほこりを、ほうきでちりとりにとり、捨てます。

● しっかり掃除

羽根バタキ　消しゴム　ほうき　ちりとり

❶ 羽根バタキで上から下へ、ふすま紙をなでるようにして、静かにほこりを落とします。
❷ 引き手まわりの手あかなどの黒ずみは、消しゴムで消します。
❸ 床に落ちた消しゴムのカスを、ほうきでちりとりにとり、捨てます。

障子

○ ちょこちょこ掃除

羽根バタキ　ほうき　ちりとり

❶ 羽根バタキで上から下へ、障子紙をなでるようにして、静かにほこりを落とします。
❷ 床に落ちたほこりを、ほうきでち

りとりにとり、捨てます。

● **しっかり掃除**

羽根バタキ　布　ほうき　ちりとり

❶ 羽根バタキで上から下へ、障子紙をなでるようにして、静かにほこりを落とします。
❷ 桟にたまったほこりは、布で拭きとります。
❸ 床に落ちたほこりを、ほうきでちりとりにとり、捨てます。

床

フローリングの床

○ ちょこちょこ掃除（ほうきを使う）

茶殻　ほうき　ちりとり

❶ 茶殻は軽くしぼって、部屋の隅におきます。
❷ テーブルの下などは、ほうきを差しこんで、ほこりを掃きだします。
❸ 茶殻を部屋全体に移動させるつもりで、すみずみまで掃きます。
❹ ほこりと茶殻を、ほうきでちりとりにとり、捨てます。

○ ちょこちょこ掃除（掃除機を使う）

掃除機

❶ 部屋の隅から、掃除機でほこりを吸いとります。
❷ 必要に応じて、家具を移動させて

家具の下のほこりも吸いとります。

● しっかり掃除

クエン酸水　掃除機　雑巾モップ

❶ 部屋の隅から、掃除機でほこりを吸いとります。
❷ 必要に応じて、家具を移動させて家具の下のほこりも吸いとります。
❸ クエン酸水をスプレーしながら、雑巾モップで拭きます。

> 木の種類や状態によっては、シミになることがあります。必ず事前に目立たないところで試してから、作業をしてください。

コルクの床

○ ちょこちょこ掃除（ほうきを使う）

茶殻　ほうき　ちりとり

❶ 茶殻は軽くしぼって、部屋の隅におきます。
❷ テーブルの下などは、ほうきを差しこんで、ほこりを掃きだします。
❸ 茶殻を部屋全体に移動させるつもりで、すみずみまで掃きます。
❹ ほこりと茶殻を、ほうきでちりとりにとり、捨てます。

○ ちょこちょこ掃除（掃除機を使う）

掃除機

❶ 部屋の隅から、掃除機でほこりを吸いとります。
❷ 必要に応じて、家具を移動させて家具の下のほこりも吸いとります。

● しっかり掃除

クエン酸水　掃除機　雑巾モップ

❶ 部屋の隅から、掃除機でほこりを吸いとります。
❷ 必要に応じて、家具を移動させて家具の下のほこりも吸いとります。
❸ クエン酸水をスプレーしながら、雑巾モップで拭きます。

カーペット

● しっかり掃除

掃除機

❶ 一方向に掃除機をかけます。
❷ ❶と垂直の方向に掃除機をかけます。
❸ 家具を移動させながら、全体に掃除機をかけます。

カーペットのダニ

○ ちょこちょこ掃除

掃除機

❶ 一方向にできるだけゆっくりと掃除機をかけます。1 m²に20秒が目安です。
❷ ❶と垂直の方向に掃除機をかけます。
❸ 家具を移動させながら、全体に掃除機をかけます。

● しっかり掃除

掃除機　スチームクリーナー　布

❶ 家具を移動させながら、全体に掃除機をかけます。
❷ スチームクリーナーに床用のアタッチメントをとりつけ、布をはさみます。
❸ スチームをかけながら、汚れをこすり落とします。
❹ よく乾かして仕上げます。

畳

○ ちょこちょこ掃除

茶殻　ほうき　ちりとり

❶ 茶殻は軽くしぼって、部屋の隅におきます。
❷ 茶殻を部屋全体に移動させるつもりで、すみずみまで掃きます。
❸ ほこりと茶殻を、ほうきでちりとりにとり、捨てます。

Q 畳の掃除に使えない茶殻はありますか？

A 紅茶など、色の濃く出る茶殻を使うと、畳が茶色っぽくなってしまうことがあるので、煎茶など茶渋の少ない、色の薄いお茶を選びます。また、玄米茶は玄米が畳にくっついて掃きにくいので、掃除には向きません。

● しっかり掃除

茶殻　クエン酸水

ほうき　ちりとり　雑巾モップ

❶ 茶殻は軽くしぼって、部屋の隅におきます。
❷ 茶殻を部屋全体に移動させるつもりで、すみずみまで掃きます。
❸ ほこりと茶殻を、ほうきでちりとりにとり、捨てます。
❹ クエン酸水をスプレーしながら、雑巾モップで拭いて仕上げます。水滴が残らないように、よく拭きとってください。

> ❗ 水分が残っていると、畳を傷めることがあるので、十分に乾拭きをしてください。

壁・天井

木の壁

○ ちょこちょこ掃除

羽根バタキ　ほうき　ちりとり

❶ 羽根バタキで上から下へ、壁面をなでるようにして、静かにほこりを落とします。
❷ 床に落ちたほこりを、ほうきでちりとりにとり、捨てます。

● しっかり掃除

石けん　重曹　クエン酸水

羽根バタキ　ポンポンたわし　布

❶ 羽根バタキで上から下へ、壁面をなでるようにして、静かにほこりを落とします。

❷ 石けんをつけて泡立て、重曹を振りかけたポンポンたわしで、壁をたたくようにして、汚れを落とします。
❸ クエン酸水をスプレーした布で、壁をたたくようにして、汚れを拭きとります。
❹ 別の布で乾拭きして仕上げます。

> ❗ 木の種類や状態によっては、シミになることがあります。必ず事前に目立たないところで試してから、作業をしてください。

壁紙

○ ちょこちょこ掃除

羽根バタキ　ほうき　ちりとり

❶ 羽根バタキで上から下へ、壁面をなでるようにして、静かにほこりを落とします。
❷ 床に落ちたほこりを、ほうきでちりとりにとり、捨てます。

● しっかり掃除

石けん　重曹　クエン酸水

羽根バタキ　ポンポンたわし　布

❶ 羽根バタキで上から下へ、壁面をなでるようにして、静かにほこりを落とします。
❷ 石けんをつけて泡立て、重曹を振りかけたポンポンたわしで、壁をたたくようにして、汚れを落とします。
❸ クエン酸水をスプレーした布で、壁をたたくようにして、汚れを拭きとります。
❹ 別の布で乾拭きして仕上げます。

塗り壁

○ ちょこちょこ掃除

羽根バタキ　ほうき　ちりとり

❶ 羽根バタキで上から下へ、壁面をなでるようにして、静かにほこりを落とします。

❷ 床に落ちたほこりを、ほうきでちりとりにとり、捨てます。

● **しっかり掃除**

羽根バタキ　消しゴム　ほうき　ちりとり

❶ 羽根バタキで上から下へ、壁面をなでるようにして、静かにほこりを落とします。
❷ 汚れを消しゴムで消します。
❸ 床に落ちた消しゴムのカスを、ほうきでちりとりにとり、捨てます。

天井

○ **ちょこちょこ掃除**

羽根バタキ　ほうき　ちりとり

❶ 一方向に羽根バタキを動かし、天井をなでるようにして、静かにほこりを落とします。
❷ 床に落ちたほこりを、ほうきでちりとりにとり、捨てます。

● **しっかり掃除**

クエン酸水　羽根バタキ　雑巾モップ

❶ 一方向に羽根バタキを動かし、天井をなでるようにして、静かにほこりを落とします。
❷ 雑巾モップに、クエン酸水をスプレーします。
❸ ❷を天井に密着させるようにして、天井の汚れをこすり落とします。

お掃除のヒント

クリーニングクロスがある時は、クリーニングクロスをセットした雑巾モップで天井を拭くと、きれいになります。

キッチン

リビング

ダイニング

個室

バスルーム

洗面所

トイレ

玄関

バスルーム

バスルームの汚れは、湯あか、石けんカス、カルキ、カビ、ぬめりと多岐にわたります。石けんカスやカルキにはクエン酸水、カビやぬめりには重曹と、汚れによってお手入れが変わるので注意が必要です。汚れにあった落とし方を覚えて、ひどくなる前にこまめにお手入れしたいものです。

バスタブ / シャワー・水栓金具 / 収納 / バス小物 / 床 / 壁・天井 / ドア

バスタブ

入浴時に済ませても

入浴し、お風呂から上がる前にバスタブのお掃除をしてしまうのも一案です。湯船につかったままバスタブの栓を抜き、軽く水でぬらし、重曹をうっすらと振りかけたスポンジで、湯あかをこすり落とします。こうすれば、バスタブはあたたかいので、汚れをラクに落とすことができます。

○ ちょこちょこ掃除

重曹　バススポンジ

❶　軽く水でぬらし、重曹を振りかけたバススポンジで、汚れをこすり落とします。
❷　底まで洗います。
❸　全体に冷水シャワーをかけます。

● しっかり掃除

石けん　重曹　バススポンジ

❶　石けんをつけて泡立て、重曹を振りかけたバススポンジで、汚れをこすり落とします。
❷　全体に冷水シャワーをかけます。

バスタブのふた

○ ちょこちょこ掃除

重曹　バススポンジ

❶　軽く水でぬらし、重曹を振りかけたバススポンジで、汚れをこすり落とします。
❷　全体に冷水シャワーをかけます。
❸　よく乾かして仕上げます。

● しっかり掃除

石けん　重曹　バススポンジ

❶　石けんをつけて泡立て、重曹を振

りかけたバススポンジで、汚れをこすり落とします。

❷ 全体に冷水シャワーをかけます。
❸ よく乾かして仕上げます。

> **お掃除のヒント**
> バスルームのお掃除は広いところを一気に洗う作業が多いので、小さなポンポンたわしでは時間がかかりすぎます。そこで、バスルームは、ちょっと大きめのバススポンジで汚れをこすり落とすようにしています。

バスタブのコーキング

○ ちょこちょこ掃除

重曹　歯ブラシ

❶ 軽く水でぬらし、重曹を振りかけた歯ブラシで、汚れをこすり落とします。
❷ 全体に冷水シャワーをかけます。
❸ よく乾かして仕上げます。

Q コーキングってなんですか？

A コーキングというのは、バスタブのまわりのすきまを埋めるために、タイルとバスタブのあいだに埋めこまれているシリコン素材のことです。カビが生えてしまうと落としにくい、固いものでこするとキズがつくなど、お手入れに気を使う素材です。家が建って10数年もしてくると、シリコンが劣化してくるうえ、カビなどで汚くなってしまうので、一度コーキングを全部はがして新しく充填しなおすことを考えたほうがよい場合も多いようです。DIYでは自力で充填しなおすキットを売っていますが、業者さんに頼んでやり直してもらうのが一般的です。

> **バスルームのお掃除は冷水で**
> いくつかの例外はありますが、バスルームは基本的に冷水を使ってお掃除します。というのも、人間に心地よい温度は、カビにとっても心地よいものだからです。適度な温度と湿度、そして栄養がそろうと、カビが繁殖します。逆にどれかひとつでも欠けていれば、カビがはびこって困るという事態は、そうかんたんには起こりません。
> バスルームの場合、湿気をとるのはかんたんなことではありません。また、皮脂などの栄養分を完璧にとり除くのもなかなかむずかしい。そこで、少なくとも掃除の時くらいは冷水を使って、室内の温度を下げるようにします。

シャワー・水栓金具

シャワーヘッド

〇 ちょこちょこ掃除

クエン酸水　布

❶ 全体にクエン酸水をスプレーします。
❷ 布で汚れを拭きとります。
❸ よく乾かして仕上げます。

● しっかり掃除

クエン酸水　洗面器　布

❶ 洗面器にシャワーヘッドを入れ、全体が浸かるくらいのクエン酸水を注ぎます。
❷ 1〜3時間おきます。
❸ 布で汚れを拭きとります。
❹ 冷水ですすぎ、よく乾かして仕上げます。

シャワーヘッドの散水板

■ 定期便掃除（1シーズンに1回）

クエン酸水　洗面器　布

❶ シャワーヘッドから散水板をとり外します。外し方は取扱説明書を参考にしますが、ビスでとめてあるもの以外は、散水板を左にまわすととれるものが多いようです。
❷ 洗面器に散水板を入れ、全体が浸かるくらいのクエン酸水を注ぎます。
❸ 1〜3時間おきます。
❹ 布で汚れを拭きとります。
❺ 冷水ですすいでからシャワーヘッドにもどし、よく乾かして仕上げます。

お掃除のヒント

カルシウム分などが多く含まれた水は、どうしても散水板が目詰まりしがちです。シャワーの出が悪くなってきたら、1シーズンに1度といわず、こまめにお手入れします。

シャワーホース

○ ちょこちょこ掃除

重曹　バススポンジ

❶ 軽く水でぬらし、重曹を振りかけたスポンジで、汚れをこすり落とします。
❷ 冷水ですすぎ、よく乾かして仕上げます。

> **お掃除のヒント**
> 最近のシャワーホースは、収納棚などの中に格納できるようになっているので、旧タイプに比べると、ずいぶん汚れがつきにくくなりました。旧タイプで、シャワーヘッドをかける場所が2カ所ある場合は、シャワーヘッドは必ず上段にかけます。
> 下にかけるとホースが床についてしまうため、カビやぬめりの原因になります。また、床でこすれてキズつきやすくなるという問題もあります。
> 家族全員、シャワーを浴びたあとは、上段にかける！を習慣にしたいものです。

水栓金具

○ ちょこちょこ掃除

クエン酸水　布

❶ 全体にクエン酸水をスプレーします。
❷ 布で乾拭きして仕上げます。

● しっかり掃除

クエン酸水　布

❶ 全体に布を巻きつけます。
❷ ❶の上から、クエン酸水をスプレーします。
❸ 30分〜2時間おきます。
❹ 布が乾いてきたら、再度クエン酸水をスプレーします。
❺ ❸の布で、汚れをこすり落とします。
❻ 別の布で乾拭きして仕上げます。

Q 布がうまく巻きつかないのですが、どうしたらいいでしょうか？

A 布が厚いと巻きつけにくいので、ハンカチのように薄い布を使うと、うまくいきます。十分にクエン酸水を吸いこませて、水栓金具にしっかり巻きつけます。うまくいかない場合は、キッチンペーパーを巻きつけて、上からスプレーする方法もあります。

水栓金具の付け根

● しっかり掃除

クエン酸水　重曹

ポンポンたわし　歯ブラシ　布

❶ 水栓金具の付け根にクエン酸水をスプレーし、ポンポンたわしで汚れをこすり落とします。
❷ ポンポンたわしで届きにくい部分は、軽く水でぬらし、重曹をつけた歯ブラシで、汚れをこすり落とします。
❸ 布で汚れを拭きとります。
❹ 全体にクエン酸水をスプレーし、別の布で拭いて仕上げます。

収納

収納ラック

○ ちょこちょこ掃除

クエン酸水　布

❶ 全体にクエン酸水をスプレーします。
❷ 布で汚れをこすり落とします。
❸ よく乾かして仕上げます。

● しっかり掃除

重曹　クエン酸水　バススポンジ　布

❶ 軽く水でぬらし、重曹を振りかけたバススポンジで、汚れをこすり落とします。
❷ 全体にクエン酸水をスプレーします。
❸ 布で汚れをこすり落とします。
❹ よく乾かして仕上げます。

収納ラックのカビ

◆速攻掃除

重曹　バススポンジ

❶ 軽く水でぬらし、重曹を振りかけたスポンジで、汚れをこすり落とします。

> **お掃除のヒント**
> カビは弱酸性の環境を好むので、弱アルカリの重曹が苦手です。カビをこすり落としたあとそのまま水を流さないでおくと、カビが生えにくいような気がします。まわりに何人か同意見の人がいるので、気にならなければ、カビをこすったあと、水で流さなくてもいいかなぁと思っています。
> カビが残っているのは気持ちが悪いという人は、冷水シャワーをかけてすすぎ、よく乾かして仕上げてください。

収納ラックのもらいサビ

◆速攻掃除

クエン酸水　塩　布

❶ もらいサビにクエン酸水をスプレーします。もらいサビ全体にクエン酸水がかかる程度の量で十分です。
❷ ❶に塩を振りかけ、30分～2時間おきます。
❸ 布で汚れをこすり落とします。
❹ 汚れが残っている場合は、❶～❸をくり返します。
❺ 冷水シャワーをかけてすすぎ、よく乾かして仕上げます。

> ❗ ヘアピンなどをおいたままにするとできてしまう「もらいサビ」。長く放置せず、見つけたら、すぐにお掃除してしまいましょう。

> **お掃除のヒント**
> もらいサビは、カビのような生きものではありませんので、重曹をつけたままにして、アルカリの環境をキープする意味はありません。サビをこすり落としたあとは、冷水シャワーで、洗いながしてしまいます。

バスタブ / シャワー・水栓金具 / 収納 / **バス小物** / 床 / 壁・天井 / ドア

```
鏡
```

○ ちょこちょこ掃除

布

❶ バスルームを出る時に、布で水分をよく拭きとります。

● しっかり掃除

水　クエン酸　布

❶ 水1カップにクエン酸大さじ1を溶かします。
❷ ❶に布を浸し、よくぬらしてから鏡にはりつけます。
❸ 2時間〜半日おきます。
❹ 布が乾いてきたら、再度クエン酸水に浸してつけなおします。
❺ 別の布で乾拭きします。
❻ 汚れが残っている場合は、❷〜❺をくり返します。

お掃除のヒント
体を洗うコットン製のあかすりで鏡を磨くと、くすみがよく落ちます。

バスルームの鏡の汚れは頑固者

バスルームの鏡は、シャワーの水滴や湯気などに長時間さらされています。シャワーや湯気には、鏡がくすむ原因になるカルキが含まれています。それだけではなく、シャンプーや石けんも飛びちって、くすみの原因になります。

バスルームの鏡の汚れは、歯磨き粉や手を洗う時の石けんによる汚れが中心の洗面所の鏡と比べて、ずっと頑固です。

さまざまなアルカリ性の汚れに襲われるバスルームの鏡は、酸性のクエン酸水でしっかり汚れを落とさなければなりません。

継続は力なり

わが家の鏡も、かなりひどくくすんでいて、顔がまともに見えない状態でしたが、毎日お手入れしていらっしゃる方の話を聞いて反省し、バスルームにクエン酸水のスプレーを常備。入浴のたびにせっせせっせと鏡を拭くようにしました。といっても、不精者の私がやるのですから、シュッシュッとスプレーして、使いふるしたあかすりで、何回かゴシゴシこする程度です。

それでも、1カ月もすると、薄皮を1枚1枚はぐように、徐々にくすみがとれてきました。これには驚きました。継続は力なり。1カ月に1回、力をこめてしっかり掃除をするよりも、毎日ちょこちょこお手入れするほうが、汚れはきちんと落ちるのだと、再認識させられたものです。

バス小物

洗面器・手桶・お風呂のイス

○ ちょこちょこ掃除

バススポンジ

❶ バススポンジで汚れをこすり落とします。
❷ 冷水ですすぎ、よく乾かして仕上げます。

> **お掃除のヒント**
> 汚れがつきやすいのは、底の部分なので、使ったあとは、ひっくり返しておきます。

● しっかり掃除

重曹　バススポンジ

❶ 軽く水でぬらし、重曹を振りかけたバススポンジで、汚れをこすり落とします。
❷ 冷水ですすぎ、よく乾かして仕上げます。

シャンプーボトル

○ ちょこちょこ掃除

バススポンジ

❶ バススポンジで汚れをこすり落とします。
❷ 冷水ですすぎ、よく乾かして仕上げます。

● しっかり掃除

クエン酸水　重曹　バススポンジ

❶ 全体にクエン酸水をスプレーし、バススポンジで汚れをこすり落とします。
❷ 軽く水でぬらし、重曹を振りかけたスポンジで、汚れをこすり落とします。
❸ 冷水ですすぎ、よく乾かして仕上げます。

お風呂用おもちゃ

〇 ちょこちょこ掃除

布

❶ 冷水ですすぎ、布でよく拭いて仕上げます。

お掃除のヒント
おもちゃをネット状の袋に入れている場合も、必ず水気を拭いてから袋にもどします。ぬれたまま袋に入れると、ネットの底が常に湿っている状態になるので、カビの原因になってしまいます。

● しっかり掃除

重曹　ポンポンたわし　布

❶ 軽く水でぬらし、重曹を振りかけたポンポンたわしで、汚れをこすり落とします。
❷ 冷水ですすぎ、布でよく拭いて仕上げます。

> ❗ お人形の顔など、プリントしてあるものは、強くこすると重曹ではがれてしまうことがあります。力を入れてこすらないようにします。

お掃除のヒント
バスルームの掃除は、基本的にバススポンジを使っています。でも、おもちゃは細かいところほどきれいにしたいので、バススポンジでは大きすぎて汚れに届かないこともありそう。そこで、おもちゃの掃除だけはポンポンたわしがオススメです。
ただし、バスルームのおもちゃは、どうしてもカビや汚れがつきやすいので、入浴時はなるべくおもちゃを使わず、手遊びや歌で過ごすようにするのも一案です。

床

タイルの床

○ ちょこちょこ掃除

重曹　バスブラシ

❶ 軽く水でぬらし、重曹を振りかけたバスブラシで、床のすみずみまで汚れをこすり落とします。
❷ 全体に冷水をかけます。
❸ よく乾かして仕上げます。

● しっかり掃除

石けん　重曹　バスブラシ

❶ 石けんをつけて泡立てたバスブラシで、床のすみずみまで汚れをこすり落とします。
❷ こびりつきやカビは、重曹を振りかけたバスブラシで、重点的にこすり落とします。
❸ 全体に冷水をかけます。
❹ よく乾かして仕上げます。

バスルームの床は拭いたほうが早い？

床がぬれていると、カビやぬめりの原因になります。そのため、使ったあとは、手早く乾燥させることが、美しさと清潔さを保つコツだといわれます。そういう意味では、最近、ユニットバスのメーカーがこぞって出している速乾性の樹脂の床は、カビや汚れの防止に有効です。

残念ながら、そうした高機能の床に恵まれないバスルームの場合は、どうしたらよいのでしょう？　浴室乾燥機などで時間とエネルギーを使って乾かすよりは、サッサと拭いてしまったほうが早いのではないかしらというのが、今のところの正直な実感です。

え〜！　そんな面倒なこと！　確かに面倒です。それは私も同感です。でも、ちょっぴり拭いておくことで、カビやぬめりが防げるなら、まぁ、時々でも床を拭いてみる価値はあるかな……と私は思っています。

たとえば、バスルームの入口に古タオルでも１〜２枚用意してから掃除をはじめ、掃除終了後にざっと水を拭きとるのはどうでしょう？

本来ならば、使うたびに床を拭くのが理想的でしょうけれど、実行するのはむずかしそう。とはいえ、何もしないより、数時間でもしっかり乾いたほうがいいでしょうから、気がついた時だけでも、床を拭いておくことは検討の余地があるように思います。

縦タブ(左側): バスタブ / シャワー・水栓金具 / 収納 / バス小物 / 床 / 壁・天井 / ドア

タイルの目地

○ ちょこちょこ掃除

歯ブラシ

❶ 軽く水でぬらした歯ブラシで、汚れをこすり落とします。
❷ 全体に冷水をかけます。
❸ よく乾かして仕上げます。

お掃除のヒント
汚れがこびりついている時は、歯ブラシよりもズックブラシが効果大。

● しっかり掃除

重曹　歯ブラシ

❶ 軽く水でぬらした歯ブラシに重曹をつけ、汚れをこすり落とします。
❷ 全体に冷水をかけます。
❸ よく乾かして仕上げます。

お掃除のヒント
目地はセメントなのでアルカリ性。クエン酸をかけると、変色や劣化の可能性がありますから、水で流します。

タイルのカビ

○ ちょこちょこ掃除

重曹　ポンポンたわし

❶ 軽く水でぬらし、重曹を振りかけたポンポンたわしで、カビをこすり落とします。
❷ 全体に冷水をかけます。
❸ よく乾かして仕上げます。

● しっかり掃除

スチームクリーナー

❶ スチームクリーナーに、細かいところを掃除する小型ブラシをとりつけます。
❷ スチームをかけながら、汚れをこすり落とします。
❸ よく乾かして仕上げます。

タイルの目地のカビ

○ ちょこちょこ掃除

重曹　バスブラシ

❶ 目地に重曹を振りかけ、乾いた状態のバスブラシで、カビをこすり落とします。

❷ 次の入浴まで、そのままおいておきます。

> **お掃除のヒント**
> 目地のカビにぬる修正液のようなものを売っていますので、それをつけてみるのも一案です。フィリピン人の友人は、「うちのお母さんは油性の修正液を塗っていたよ」と教えてくれました。そこだけ真白になると、かえって目立つかもしれない……とは思いましたが、どうしても気になる時はそんな方法もあります。

● しっかり掃除

スチームクリーナー

❶ スチームクリーナーに、細かいところを掃除する小型ブラシをとりつけます。

❷ スチームをかけながら、汚れをこすり落とします。

❸ よく乾かして仕上げます。

> **お掃除のヒント**
> スチームクリーナーの大手メーカー、ケルヒャージャパンは、ウェブサイトでスチームクリーナーを使った掃除方法を紹介しています。
> でも、セメントの一種でもある目地に高温を当てつづけるのは、目地によくないのでは？という声も大工さんからは聞かれました。スチームクリーナーを使う時は、できるだけ短時間で作業をするようにしてください。

バスルームのタイルのカビ対策

カビを予防するには、湿気をとことんおさえるか、栄養になるものを排除するか、はたまた温度を60℃以上にするか、逆に低い温度におさえるか……生えやすい条件をひとつでもとり除いてしまえば、カビの発生はだいぶおさえられます。

バスルームのカビ予防には、室温の調整が一番現実的ではないでしょうか。栄養を完全に排除するのはむずかしいし、窓のないバスルームも増えてきている昨今、完璧に湿気をとるのもかなり大変です。

となれば、バスルームの掃除をする時に、冷水ですすぎをして、室温をグンと下げるのが一番かんたんかつ有効かなと思います。

一方で、カビはアルカリが苦手なので、重曹でこすったらそのまま流さずにおくという方法もあります。遅かれ早かれ、水で流されていくものですから、しばらくのあいだ、アルカリにとどまっていてもらおうという発想です。

樹脂の床

○ ちょこちょこ掃除

バスブラシ

❶ 熱めのシャワーを床全体にかけます。
❷ バスブラシで汚れをこすり落とします。
❸ 冷水で全体を流します。
❹ よく乾かして仕上げます。

● しっかり掃除

石けん　重曹　バスブラシ

❶ 石けんをつけて泡立てたバスブラシで、床のすみずみまで汚れをこすり落とします。
❷ 冷水をかけます。
❸ こびりつきやカビは、重曹を振りかけたバスブラシで、重点的にこすり落とします。
❹ 冷水で全体を流します。
❺ よく乾かして仕上げます。

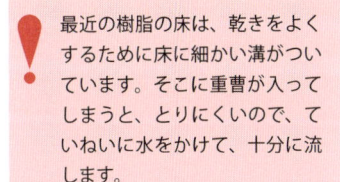

> ❗ 最近の樹脂の床は、乾きをよくするために床に細かい溝がついています。そこに重曹が入ってしまうと、とりにくいので、ていねいに水をかけて、十分に流します。

Q バスルームの床が少しずつ白っぽくなってきてしまいました。この白い汚れを落とす方法はありますか？

A
白っぽい汚れは、おそらくカルキや石けん分だと思います。バスルームの床が樹脂ならば、クエン酸小さじ1〜2を床にまいて、30分ほどおき、バスブラシでこすってみてはどうでしょう。カルキも石けん分もアルカリなので、クエン酸が溶かしてくれます。

排水口

○ ちょこちょこ掃除

重曹　トイレットペーパー　シュロのたわし

❶ ふたをとり、ふたの周辺についている髪の毛などをトイレットペーパーでとり除き、捨てます。
❷ 軽く水でぬらし、重曹を振りかけたシュロのたわしで、汚れをこすり落とします。
❸ ふたをもとの位置にもどします。

> ❗ 樹脂をシュロのたわしでこすると、キズがつくことがあります。必ず事前に目立たないところで試してから、作業をしてください。キズが心配な場合は、シュロたわしのかわりに、バススポンジを使います。

● しっかり掃除

重曹　クエン酸　熱いお湯

トイレットペーパー　布

❶ ふたをとり、ふたの周辺についている髪の毛などをトイレットペーパーでとり除き、捨てます。
❷ 布で排水口にたまっている水を吸いとります。
❸ 重曹1カップとクエン酸1/2カップを容器に入れて、よくまぜます。
❹ ❸を排水口に振り入れます。
❺ 30分〜2時間おき、熱いお湯を1分ほど流して仕上げます。

壁・天井

タイルの壁

○ ちょこちょこ掃除

バスブラシ　スクイージー

❶ 熱めのシャワーを壁全体にかけます。
❷ バスブラシで汚れをこすり落とします。
❸ スクイージーで水滴を落とします。
❹ よく乾かして仕上げます。

● しっかり掃除

石けん　重曹　バスブラシ　スクイージー

❶ 石けんをつけて泡立てたバスブラシで、壁のすみずみまで汚れをこすり落とします。
❷ こびりつきやカビは、重曹を振りかけたバスブラシで、重点的にこすり落とします。
❸ 冷水をかけます。
❹ スクイージーで水滴を落とします。
❺ よく乾かして仕上げます。

タイルの目地

○ ちょこちょこ掃除

歯ブラシ

❶ 軽く水でぬらした歯ブラシで、汚れをこすり落とします。
❷ 冷水をかけます。
❸ よく乾かして仕上げます。

> **お掃除のヒント**
> 汚れがこびりついている時は、歯ブラシよりもズックブラシが効果的です。

● しっかり掃除

重曹　歯ブラシ

❶ 軽く水でぬらした歯ブラシに重曹をつけ、汚れをこすり落とします。

❷ 冷水をかけます。
❸ よく乾かして仕上げます。

樹脂の壁

〇 ちょこちょこ掃除

バスブラシ　スクイージー

❶ 熱めのシャワーを壁全体にかけます。
❷ バスブラシで汚れをこすり落とします。
❸ スクイージーで水滴を落とします。
❹ よく乾かして仕上げます。

● しっかり掃除

石けん　重曹　バスブラシ　スクイージー

❶ 石けんをつけて泡立てたバスブラシで、壁のすみずみまで汚れをこすり落とします。
❷ こびりつきやカビは、重曹を振りかけたバスブラシで、重点的にこすり落とします。
❸ 冷水をかけます。

❹ スクイージーで水滴を落とします。
❺ よく乾かして仕上げます。

樹脂の天井

〇 ちょこちょこ掃除

タオル　雑巾モップ

❶ タオルを雑巾モップにつけます。
❷ ❶を天井につけ、汚れをこすり落とします。

お掃除のヒント
水滴がたまりやすい部分は、ほぼ決まっています。バスルームの使用後に、水滴を吸いとっておくと、カビ予防に効果的です。

バスタブ / シャワー・水栓金具 / 収納 / バス小物 / 床 / 壁・天井 / ドア

樹脂の天井のカビ

◆速攻掃除

重曹　タオル　雑巾モップ

❶ 軽く水でぬらし、固くしぼったタオルを、雑巾モップにつけます。
❷ ❶に重曹を振りかけ、天井に密着させて汚れをこすり落とします。

> ❗ カビを見つけたら、すぐにお掃除することが大切です。

お掃除のヒント
カビが広がっている場合は、脚立などを使って、天井の汚れを手でこすり落とすことができれば効果的です。

ドア

バスルームのドア

○ ちょこちょこ掃除

布

❶ バスルームを使ったら、出る前に冷水をかけ、汚れを流します。
❷ 乾いた布で、水気をざっと拭きとって仕上げます。

● しっかり掃除

石けん　重曹　ポンポンたわし　布

❶ 石けんをつけて泡立て、重曹を振りかけたポンポンたわしで、汚れをこすり落とします。
❷ 冷水をかけ、すすぎます。
❸ 乾いた布で、水気をざっと拭きとって、仕上げます。

実際にカビが生えてしまったら

ポンポンたわしを軽くぬらし、重曹を振りかけたものでこすり落とします。そしてドアにシャワーをかけ、水分を拭きとり、換気しておきましょう。

バスルームの ドアの桟 （アルミ）

○ ちょこちょこ掃除

布

❶ バスルームを使ったら、出る前に冷水をドアの桟にかけ、汚れを流します。

❷ 桟にたまった水滴は、布で汚れをこすりながら、拭きとります。

● しっかり掃除

石けん　ポンポンたわし　布

❶ 石けんをつけて泡立てたポンポンたわしで、汚れをこすり落とします。

❷ 冷水をドアの桟にかけ、すすぎます。

❸ 乾いた布で、水気をざっと拭きとって、仕上げます。

バスルームの ドアの桟 （アルミ以外）

○ ちょこちょこ掃除

布

❶ バスルームを使ったら、出る前に冷水をドアの桟にかけ、汚れを流します。

❷ 桟にたまった水滴は、布で汚れをこすりながら、拭きとります。

● しっかり掃除

石けん　重曹　ポンポンたわし　布

❶ 石けんをつけて泡立て、重曹を振りかけたポンポンたわしで、汚れをこすり落とします。

❷ 冷水をドアの桟にかけ、すすぎます。

❸ 乾いた布で、水気をざっと拭きとって、仕上げます。

バスタブ
シャワー・水栓金具
収納
バス小物
床
壁・天井
ドア

バスルームのドアのカビ対策

こまめに水滴を拭きとるのが、バスルームのドアのカビ対策には一番です。バスルームを出る時には、水分を拭きとり、換気のためにドアを細めにあけておきます。この際、ドアにかけるのはお湯ではなく、必ず水。室内の温度を下げ、カビを予防する上でも有効です。

実際にカビが生えてしまったらポンポンたわしを軽くぬらし、重曹を振りかけたものでこすり落とします。そしてドアにシャワーをかけ、水分を拭きとり、換気しておきましょう。

洗面所

洗面所に集まるのは、石けんやカルキなどアルカリ性の汚れです。
洗面台の近くにクエン酸水のスプレーと布を常備しておくと、気がついた時にお手入れできて便利です。
不思議と洗面ボウルが黒ずむわが家では重曹も常備。
洗面所を使ったついでにちょこちょこ掃除で片付けましょう。

洗面台

洗面ボウル

○ ちょこちょこ掃除

重曹　ポンポンたわし

❶ 軽く水でぬらします。
❷ 全体にうっすらと重曹を振りかけます。
❸ ポンポンたわしで汚れをこすり落とします。
❹ 水ですすぎ、よく乾かして仕上げます。

● しっかり掃除

石けん　重曹　ポンポンたわし

❶ 石けんをつけて泡立て、重曹を振りかけたポンポンたわしで、汚れをこすり落とします。
❷ 水ですすぎ、よく乾かして仕上げます。

水栓金具

○ ちょこちょこ掃除

クエン酸水　布

❶ 全体にクエン酸水をスプレーします。
❷ 布で拭いて仕上げます。

● しっかり掃除

クエン酸水　布

❶ 全体に布を巻きつけます。
❷ ❶の上から、クエン酸水をスプレーします。
❸ 30分〜2時間おきます。
❹ 布が乾いてきたら、再度クエン酸水をスプレーします。
❺ ❸の布で、汚れをこすり落とします。
❻ 別の布で乾拭きして仕上げます。

水栓金具の付け根

● **しっかり掃除**

クエン酸水　重曹

ポンポンたわし　歯ブラシ　布

❶ 水栓金具の付け根にクエン酸水をスプレーし、ポンポンたわしで汚れをこすり落とします。
❷ ポンポンたわしの届きにくい場所は、軽く水でぬらし、重曹をつけた歯ブラシで、汚れをこすり落とします。
❸ 布で汚れを拭きとります。
❹ 全体にクエン酸水をスプレーし、別の布で拭いて仕上げます。

鏡

○ **ちょこちょこ掃除**

炭酸水　布

❶ 鏡全体に炭酸水をスプレーします。
❷ 布で上から下に拭いて仕上げます。

● **しっかり掃除**

クエン酸水　布

❶ 汚れのひどい部分にたっぷりとクエン酸水をスプレーします。
❷ 布で汚れをこすり落とします。
❸ 鏡全体にクエン酸水をスプレーします。
❹ 布で上から下に拭いて汚れを落とします。
❺ 1〜2度乾拭きをくり返して仕上げます。

> **お掃除のヒント**
> 汚れが頑固な時はバスルームの鏡の掃除(P.210参照)を試してください。

洗面台 / 洗面所の小物 / 洗濯機 / ドラム式洗濯機 / 衣類乾燥機

排水口

> ❗ 排水管が細い場合は、重曹を 1/4 〜 1/3 カップにするなど量を加減してください。

○ ちょこちょこ掃除

重曹　酢　熱いお湯

❶ 排水口に重曹を振りいれます。
❷ 酢を注ぎます。
❸ 30 分〜 2 時間おき、熱いお湯を 1 分ほど流して仕上げます。

お掃除のヒント
定期的にお手入れすると、においが解消し、つまりの予防にもなります。消臭に使った重曹などを利用して、こまめにお掃除します。

● しっかり掃除

重曹　クエン酸　熱いお湯　容器

❶ 重曹 1/2 カップとクエン酸大さじ 2 を容器に入れて、よくまぜます。
❷ ❶を排水口に振りいれます。
❸ 30 分〜 2 時間おき、熱いお湯を 1 分ほど流して仕上げます。

お掃除のヒント
栓をして、配水管に泡をとじこめることができれば、さらに効果的。

Q 排水口の掃除に使う時、クエン酸と酢では、どんな差がありますか？

A 酢は 4 ％の酢酸が入っています。一方、クエン酸は、クエン酸 100％ですから、発泡する力はクエン酸のほうがはるかに強くなります。

手軽なのは酢と重曹の組みあわせですが、においがなかなかとれない時や、流れが今ひとつという時に、私はクエン酸を使っています。

排水口が細くて、重曹とクエン酸で詰まってしまったら、菜箸で穴をあけ、そこに少量の水を流します。徐々に発泡して、中の汚れがとれていきます。

熱いお湯ってどれくらい？

重曹とクエン酸や酢でお手入れしたあとに排水口に流すお湯は、アメリカのお掃除レシピを見ると「グラグラと煮立った湯」を使うと書かれています。そうすることで消毒効果も期待できますし、煮立ったお湯を流した時とぬるま湯では、高温のほうが乾きも早いなど、煮立ったお湯を使うメリットはいろいろあります。
日本でもグラグラ煮立ったお湯を流しいれたいところですが、日本の家の配水管のほとんどは樹脂でできています。樹脂の配水管、特に洗面所の配水管が100℃のお湯に対応しているかどうかは、はなはだ疑問です。そこで、私は、「給湯器から出る一番高温のお湯」を流すようにしています。給湯器から出る熱さのお湯ならば、配水管に接触する温度としては許容範囲内だろうと思うからです。
この本のレシピの中に出てくる「熱いお湯」というのはそういう意味です。「熱湯」と書いて「沸騰したお湯」と勘違いすることがないようにという思いもこめて、「熱いお湯」と書いています。

洗面所の小物

歯ブラシスタンド

● **しっかり掃除**

クエン酸水　ポンポンたわし

❶　全体にクエン酸水をスプレーします。

❷　ポンポンたわしで汚れをこすり落とします。

❸　水ですすぎ、よく乾かして仕上げます。

> **お掃除のヒント**
> ユニットタイプの歯ブラシスタンドの場合は、全体にクエン酸水をスプレーし、布で拭いて仕上げます。

石けん
トレイ

● **しっかり掃除**

クエン酸水　洗面器

---

❶　洗面器にクエン酸水 500cc を入れて溶かします。
❷　❶に石けんトレイを入れて、ひと晩おきます。
❸　翌朝、石けんトレイをとり出し、水ですすぎます。
❹　水気を切り、よく乾かして仕上げます。

お手軽石けんトレイ

以前からどうやっても石けんトレイが汚れてしまうことや、水が十分切れなくて石けんが溶けてしまうことが気になっていました。そこで、100円ショップで買ってきた材料で、自家製石けんトレイをつくりました。買ってきたのは、10cm×15cmほどの浅いトレイ。しょうゆ受けくらいの浅いものです。これとトイレタンクの上などにおくビー玉を大小2パック。あわせて315円です。

トレイの下にうっすらとクエン酸を敷き、上からビー玉を並べます。あとは、石けんやスポンジをおくだけです。

これなら、ビー玉が水気を切ってくれますし、大小高さの違うビー玉が適当に並んでいるので、同じ大きさのビー玉の時のように、べったり石けんがつくこともありません。

ビー玉をつたってトレイに落ちた石けん成分は、下に控えているクエン酸で溶けてしまうせいか、ベトつくことがありません。

ちょっとビー玉が白く汚れてきたなと思ったら、ビー玉を水で洗うだけ。トレイも水で流せばきれいになります。かんたん、便利、安上がり。3拍子そろった優れモノです。

洗濯機

洗濯機の外側・ふた

○ ちょこちょこ掃除

羽根バタキ　布

❶ 上から下へ羽根バタキをかけ、ほこりを落とします。
❷ 布で乾拭きして仕上げます。

● しっかり掃除

石けん　重曹　クエン酸水

羽根バタキ　ポンポンたわし　布

❶ 上から下へ羽根バタキをかけ、ほこりを落とします。
❷ 石けんをつけて泡立て、重曹を振りかけたポンポンたわしで、汚れをこすり落とします。
❸ クエン酸水をスプレーした布で、よく拭いて仕上げます。

洗剤投入ケース

○ ちょこちょこ掃除

❶ 洗剤投入ケースをとり外します。
❷ 水ですすぎ、よく乾かして仕上げます。

● しっかり掃除

クエン酸水　洗面器　布

❶ 洗剤投入ケースをとり外します。
❷ 洗面器に洗剤投入ケースを入れ、全体がかぶるくらいクエン酸水を入れ、2時間ほどおきます。
❸ クエン酸水を流します。
❹ 水ですすぎ、布でよく拭いて仕上げます。

洗濯槽の排水ホースの内側

● しっかり掃除

重曹　クエン酸

❶ ホースの中に水を入れ、中のほこりを洗いながします。
❷ 重曹大さじ3とクエン酸大さじ2をホースの中に振りいれ、30分ほどおきます。
❸ 水を入れ、浮きあがった汚れを洗いながします。

> **お掃除のヒント**
> 気がついた時に、排水口の接合部分を、布で乾拭きしておくと、汚れがこびりつくことがありません。

防水板

○ ちょこちょこ掃除

クエン酸水　布

❶ 汚れを布でこすり落とします。
❷ クエン酸水をスプレーし、別の布で拭いて仕上げます。

● しっかり掃除

重曹　クエン酸水　布

❶ 汚れを布でこすり落とします。
❷ こびりついた汚れは、軽く水でぬらし、重曹を振りかけた布で、こすり落とします。
❸ 全体にクエン酸水をスプレーし、別の布で拭いて仕上げます。

洗濯機の給水口

■ 定期便掃除（1年に1回）

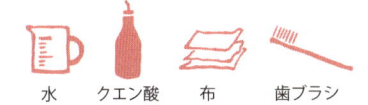

水　クエン酸　布　歯ブラシ

❶　給水口の栓を閉じます。

❷　給水ホースを外し、周辺を布で乾拭きします。

❸　細かい部分にたまったほこりを、歯ブラシでかき出します。

❹　フィルターがある場合は、歯ブラシで汚れをこすり落とします。

❺　カルキがついている場合は、水200ccとクエン酸小さじ2をまぜたところにフィルターを浸け、30分ほどおきます。

❻　歯ブラシで汚れをこすり落とします。

> ❗ パーツの分解、洗浄については、取扱説明書を参照してください。

洗濯槽のカビをきれいに

お湯に酸素系漂白剤を入れて、静かにまわすと、洗濯槽のカビ退治には効果大のようです。酸素系漂白剤はアルカリなので、洗濯機内にカビにはつらい環境をつくりだしてくれます。7kg用の洗濯機の場合、1回に入れる酸素系漂白剤は、500g入り1袋が目安です。お湯は上までたっぷり入れます。一度やってとりきれない場合は、何度かくり返します。
それでも細かいカビがいつまでも出つづける場合は、電気屋さんやハウスクリーナーの業者さんに依頼して、分解掃除を頼みます。

どれくらいの温度で洗うの？

カビは60℃以上の温度が苦手なので、洗濯槽に60℃以上のお湯を入れられれば、カビ退治への効果は高まると思いますが、家電メーカーに確認すると、「50℃以上のお湯は入れないように」という答えが返ってきました。
でも、50℃では足りない！　そう思ったので、私は、わが家の給湯器から出る最高温度の75℃で掃除をしたことがあります。上までお湯をはると、冷めにくく、効果的！という印象でした。低温の時より、カビもとれたような気がします。
ただし、メーカーの指定以上の高温を洗濯槽に入れるのは、あくまでも自己責任です。壊れた時は、自分のせい。誰かに文句をいったり、クレームをつけたりすることはできません。そう割りきれるなら、50℃以上の高温を入れて洗ってみるという方法もあります。

Q 洗濯層のお掃除に、ずっとクエン酸を使っていましたが、酸素系漂白剤のほうがいいでしょうか？

A 洗濯に石けんを使っている場合は、クエン酸で石けんカスを溶かすのが、効果的です。買った当初からカビ予防の目的で定期的にクエン酸でお手入れするのがよいと思います。

けれども、すでにカビが生えてしまって、黒いものが出てきているからなんとかしたいという場合には、石けんカスだけでなく、カビを殺すことも考えなければなりません。そこで、カビを殺すには、アルカリ、それも重曹よりアルカリ度の高いもののほうが効果的です。そのため、生えてしまったカビに対応するのであれば、酸素系漂白剤がオススメです。

また、洗濯に石けんではなく合成洗剤を使っている場合は、クエン酸では洗剤の溶けのこりなどを十分溶かすことができませんので、やはり酸素系漂白剤でお掃除するほうがよいと思います。

ドラム式洗濯機

ドラム式洗濯機の外側・ふた

○ **ちょこちょこ掃除**

羽根バタキ　　布

❶ 上から下へ羽根バタキをかけ、ほこりを落とします。
❷ 布で汚れをこすり落とします。

> ❗ ドラム式洗濯乾燥機の場合は、洗濯物を入れる投入口のドアパッキン周辺にほこりがたまりやすいので、布で乾拭きし、ほこりを十分落とします。

● **しっかり掃除**

重曹　クエン酸水　ポンポンたわし　布

❶ 軽く水でぬらし、重曹を振りかけたポンポンたわしで、汚れをこすり落とします。

❷ クエン酸水をスプレーした布で、よく拭いて仕上げます。

ドラム式洗濯機のカビ予防

■ **定期便掃除**（月に1回）

酸素系漂白剤　水

❶ 洗濯機に酸素系漂白剤を入れ、水を最高位まで入れます。
❷ 毛布の洗濯コースで、衣類を入れずにまわします。

Q　ドラム式洗濯機を使っていますが、やはりカビ対策は必要ですか？

A　ドラム式洗濯機の場合、乾燥機能まで使っていれば、カビが生えることは少ないようです。乾燥機能を使うことで、中が乾燥した状態になるからです。
けれども、乾燥機能を使わずに外干しをしている場合は、中が乾ききらない状態であることは、全自動の場合と変わりがありません。そういう場合は、定期的に乾燥機能を使って中を乾燥させることで、カビの発生を予防することができます。

衣類乾燥機

衣類乾燥機の外側

○ **ちょこちょこ掃除**

羽根バタキ　布

❶ 上から下へ羽根バタキをかけ、ほこりを落とします。
❷ 布で汚れをこすり落とします。

● **しっかり掃除**

重曹　クエン酸水　ポンポンたわし　布

❶ 軽く水でぬらし、重曹を振りかけたポンポンたわしで、汚れをこすり落とします。
❷ クエン酸水をスプレーした布で、よく拭いて仕上げます。

衣類乾燥機のフィルター

○ ちょこちょこ掃除

ブラシ　　掃除機

❶ フィルターを柔らかいブラシでこすり、糸くずなどをとります。
❷ 掃除機で汚れを吸いとって仕上げます。

小ぼうきでフィルター掃除
掃除機を出すのが面倒な時、私は100円ショップで買った食卓用の小さなほうきで、フィルターをこすって掃除をしています。

トイレ

尿の飛びちりや悪臭が、トイレの主な汚れです。
尿の飛びちりなどが残っていなければ、気になるほどのイヤなにおいはしてきません。
クエン酸水とトイレットペーパーで、トイレに入ったついでにちょこちょこお掃除してしまうのが、一番のにおい対策＆汚れ対策。

洋式トイレ

便器の内側

〇 ちょこちょこ掃除

重曹　トイレブラシ

❶ 重曹を振りかけたトイレブラシで、便器をこすり、汚れを落とします。

> **お掃除のヒント**
> カビや雑菌が気になる時は、重曹にティーツリーのエッセンシャルオイルを2〜3滴たらしたものでこすります。最後に水を流してもかまいませんが、エッセンシャルオイルを使っている場合は、流さないでそのままにしておけば、少しずつティーツリーが殺菌してくれます。

● しっかり掃除

重曹　クエン酸水　トイレブラシ

❶ 便器内の水たまりにトイレブラシを入れて、何度か上下させ、輪ジミが完全に水の上に出てくるまで、水位を十分に下げます。

❷ 便器の内側に重曹を振りかけ、トイレブラシでこすります。

❸ クエン酸水200ccを電子レンジで1分ほど加熱し、全体にかけ、ひと晩おきます。

❹ 翌朝、トイレの水を流します。

> **お掃除のヒント**
> ふたを閉じてから水を流す習慣をつけると、飛びちりを多少軽減することができます。

> **どうしてもとれない頑固な汚れ**
> 頑固な汚れの場合は、しっかり掃除をくり返すのが一番です。劇的な変化は感じられなくても、1カ月も続けると、少しずつでも確実に汚れは薄くなります。
> とはいえ、すぐにスピーディに汚れを落としたい場合もあるでしょう。そんな時の奥の手が、耐水性のサンドペーパーです。
> これは、少し前までは、多くの人が知っている奥の手だったようです。衛生陶器メーカーに勤めていた知り合いも、「どうしようもなかったら、やすりでしょ」といっていました。
> 最近は、汚れ防止のコーティングや抗菌コーティングなど、高機能化の一途をたどる便器たち。衛生陶器メーカーは、徐々に考え方を変え、現在では「サンドペーパーで汚れ

をこすりとった時に便器にキズがついてしまうと、そこからまた汚れが入って、さらにとれなくなってしまう恐れがあるから、絶対にオススメできません」といっています。
そういう意味では、30年前の便器ならともかく、最近の便器をサンドペーパーでお手入れするのは、「一度しかやらない」という覚悟で臨む、究極の対策といえそうです。

便器の外側

〇 ちょこちょこ掃除

クエン酸水　トイレットペーパー

❶　便器の外側にクエン酸水をスプレーし、トイレットペーパーで汚れを拭きとります。
❷　トイレットペーパーを流します。

● しっかり掃除

クエン酸水　トイレットペーパー

❶　便器の外側にクエン酸水をスプレーし、トイレットペーパーで汚れを拭きとります。
❷　黄ばみのひどい部分にトイレットペーパーをおき、上からクエン酸水をたっぷりスプレーし、クエン酸パックをします。
❸　30分ほどおいてから、トイレットペーパーで汚れをこすります。
❹　トイレットペーパーを流します。

便器の付け根

〇 ちょこちょこ掃除

クエン酸水　トイレットペーパー

❶　便器の付け根にクエン酸水をスプレーし、トイレットペーパーで汚れを拭きとります。
❷　トイレットペーパーを流します。

> **お掃除のヒント**
> トイレに入るたびに拭いていると、次第に汚れがとれていきます。トイレットペーパーに汚れがつかなくなると、においも軽減されます。

● しっかり掃除

クエン酸水　トイレットペーパー

❶　便器の付け根にトイレットペーパーをおきます。便器と床の間にあるすきまに差しこむようにすると、効果的です。
❷　トイレットペーパーにクエン酸水をたっぷりスプレーし、クエン酸パックをします。
❸　30分～1時間おいてから、トイレットペーパーで汚れをこすります。
❹　トイレットペーパーを流します。
❺　新しいトイレットペーパーを、便器の付け根に押しつけるようにして、汚れをこすり落とします。
❻　汚れが残っている場合は、❶～❺をくり返します。
❼　トイレットペーパーを流します。

汚れを常にチェック

付け根にクエン酸をスプレーして、トイレットペーパーの汚れ具合をチェックすると、尿がどの程度飛びはねているか、便器の外側と付け根部分が汚れているか見当がつきます。
尿の汚れがトイレットペーパーについてくるようなら、汚れがたまっている証拠。しっかり掃除の必要ありと考えます。
こういう時は、においもそれなりにしているはずです。汚れを確認していなくても、トイレに入った瞬間にくさいなと思う時は、汚れをチェックする習慣を。
一度しっかり掃除をしたからといって、それですべて解決というわけにはいきません。引きつづき、ちょこちょこ掃除をくり返し、汚れのチェックはぬかりなく。
いつ便器の付け根を拭いても、ほとんど汚れがつかないという状態がキープできるようになると、においもあまりしなくなってきます。

便座

○ ちょこちょこ掃除

クエン酸水　トイレットペーパー

❶　便座をあげ、裏側にクエン酸水をスプレーし、トイレットペーパーで汚れを拭きとります。
❷　便座をおろし、座椅子部分にもクエン酸水をスプレーし、トイレットペーパーで拭きます。
❸　トイレットペーパーを流します。

● **しっかり掃除**

クエン酸水　重曹　トイレットペーパー

❶ 便座をあげ、裏側にクエン酸水をスプレーし、トイレットペーパーで汚れを拭きとります。
❷ 尿のこびりつきなどがひどい場合は、クエン酸水をスプレーし、重曹を振りかけたトイレットペーパーでこすり落とします。
❸ 便座をおろし、座椅子部分にもクエン酸水をスプレーし、トイレットペーパーで拭きます。
❹ 細かい溝などは、クエン酸水をスプレーしたトイレットペーパーで、こすります。
❺ トイレットペーパーを流します。

抗菌コーティングの便座

最新式の便座には、抗菌コーティングなどがしてあるため、使用できるクリーナーが、メーカーによって指定されている場合があります。
「指定のクリーナー以外は使わないでください」と書いてある便器は、指定のものさえ使っていれば、万が一シミになったり、傷がついたりした時も、期間内であれば保証の対象になりますし、電話をすれば相談にものってくれるでしょう。そういう意味では、便器メーカーの指示に従っておいたほうが無難は無難です。
私自身は、直接肌に触れるところに何が入っているかわからない洗剤を使うのが不安なので、クエン酸水と重曹で掃除をしています。もちろん、便器メーカー指定の方法ではありませんから、この方法で掃除をしていて何か不都合が起こっても、メーカーに文句をいうことはできません。いわゆる「自己責任」ということになります。
ヒビが入る、変色する、シミになるなど、使えなくなるような事態を引きおこしてしまった時は、自分で便座をとりかえなくては……とちょっぴり覚悟を決めてはじめたクエン酸水と重曹を使ったお掃除ですが、今のところ、不都合な事態には至っていません。

| 洋式トイレ | 和式トイレ | トイレタンク・手洗い鉢 | トイレ小物 | 床 | 壁・天井 | トイレのにおい | おむつのにおい |

便器のふた

〇 ちょこちょこ掃除

クエン酸水　トイレットペーパー

❶ 便器のふたの裏側にクエン酸水をスプレーし、トイレットペーパーで汚れを拭きとります。
❷ 便器のふたを閉めて、ふたの表側にもクエン酸水をスプレーし、トイレットペーパーで拭きます。
❸ トイレットペーパーを流します。

● しっかり掃除

クエン酸水　トイレットペーパー

❶ 便器のふたの表側と裏側にクエン酸水をスプレーし、トイレットペーパーで汚れを拭きとります。
❷ 接合部分の細かい溝などは、トイレットペーパーにクエン酸水をスプレーしたもので、こすります。
❸ トイレットペーパーを流します。

洗浄機能付便座のノズル

〇 ちょこちょこ掃除

❶ ノズル洗浄機能を利用して、ノズルの先端部分を洗浄します。

● しっかり掃除

クエン酸水　トイレットペーパー

❶ ノズルをトイレットペーパーで包み、ゆっくり引きだします。
❷ クエン酸水をスプレーしたトイレットペーパーで、全体を拭きます。
❸ ノズルをもとの位置にもどします。
❹ トイレットペーパーを流します。

> ❗ 洗浄機能付便座は、安全のため、電源を切ってから作業をします。

お掃除のヒント

最近のシャワーノズルはノズルの洗浄機能がついていますから、それを利用して汚れを落とすのが一番かんたんです。ただ、洗浄機能がない場合は、しっかり掃除を参考に自分で掃除をしてください。

和式トイレ

便器の内側

〇 ちょこちょこ掃除

重曹　トイレブラシ

❶ 重曹を振りかけたトイレブラシで、便器をこすり、汚れを落とします。

● しっかり掃除

重曹　クエン酸水　トイレブラシ

❶ 便器内の水たまりにトイレブラシを入れて、何度か上下させ、輪ジミが完全に水の上に出てくるまで、水位を十分に下げます。
❷ 便器内の平らな部分に重曹を振りかけ、トイレブラシでこすります。
❸ クエン酸水200ccを電子レンジで1分ほど加熱し、全体にかけ、ひと晩おきます。
❹ 翌朝、トイレの水を流します。

便器の外側

〇 ちょこちょこ掃除

クエン酸水　トイレットペーパー

❶ 便器の外側にクエン酸水をスプレーし、トイレットペーパーで汚れを拭きとります。
❷ トイレットペーパーを流します。

● しっかり掃除

クエン酸水　トイレットペーパー

❶ 便器の外側にクエン酸水をスプレーし、トイレットペーパーで汚れを拭きとります。
❷ 黄ばみのひどい部分にトイレットペーパーをおき、上からクエン酸水をたっぷりスプレーし、クエン酸パックをします。
❸ 30分ほどおいてから、トイレットペーパーで汚れをこすります。
❹ トイレットペーパーを流します。

便器周辺の床

○ ちょこちょこ掃除

クエン酸水　トイレットペーパー

❶ 便器の付け根にクエン酸水をスプレーし、トイレットペーパーで汚れを拭きとります。
❷ トイレットペーパーを流します。

> **お掃除のヒント**
> トイレに入るたびに拭いていると、次第に汚れがとれていきます。トイレットペーパーに汚れがつかなくなると、においも軽減されます。

● しっかり掃除

クエン酸水　トイレットペーパー

❶ 便器の付け根にトイレットペーパーをおきます。便器と床の間にあるすきまに差しこむようにすると、効果的です。
❷ トイレットペーパーにクエン酸水をたっぷりスプレーし、クエン酸パックをします。
❸ 30分～1時間おいてから、トイレットペーパーで汚れをこすります。
❹ トイレットペーパーを流します。
❺ 新しいトイレットペーパーを、便器の付け根に押しつけるようにして、汚れをこすり落とします。
❻ 汚れが残っている場合は、❶～❺をくり返します。
❼ トイレットペーパーを流します。

トイレタンク・手洗い鉢

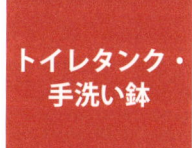

トイレタンク

○ ちょこちょこ掃除

クエン酸水　トイレットペーパー

❶　全体にクエン酸水をスプレーし、トイレットペーパーでこすります。
❷　蛇口にもクエン酸水をスプレーし、トイレットペーパーでこすります。
❸　トイレットペーパーを流します。

● しっかり掃除

クエン酸水　重曹　トイレットペーパー

❶　トイレットペーパーで全体の汚れを拭きとります。
❷　軽くクエン酸水をスプレーし、重曹を振りかけたトイレットペーパーで、全体をこすります。
❸　汚れの気になる部分にトイレットペーパーをおき、上からクエン酸水をスプレーします。
❹　30分～1時間おいてから、トイレットペーパーで全体をこすります。
❺　トイレットペーパーを流します。
❻　汚れが残っている場合は、❸～❹をくり返します。
❼　トイレットペーパーを流します。

手洗い鉢

○ ちょこちょこ掃除

クエン酸水　トイレットペーパー

❶　全体にクエン酸水をスプレーし、トイレットペーパーでこすります。
❷　蛇口にもクエン酸水をスプレーし、トイレットペーパーでこすります。
❸　トイレットペーパーを流します。

● しっかり掃除

クエン酸水　重曹　トイレットペーパー

❶　トイレットペーパーで全体の汚れを拭きとります。

❷ 軽くクエン酸水をスプレーし、重曹を振りかけたトイレットペーパーで、全体をこすります。
❸ 水を流し、手で周辺に水をかけ、重曹を流します。
❹ 汚れの気になる部分にトイレットペーパーをおき、上からクエン酸水をスプレーします。
❺ 30分〜1時間おいてから、トイレットペーパーで全体をこすります。
❻ トイレットペーパーを流します。
❼ 汚れが残っている場合は、❹〜❺をくり返します。
❽ トイレットペーパーを流します。

> ❗ タンクの中に、トイレットペーパーを流さないように気をつけます。

水栓金具

○ ちょこちょこ掃除

クエン酸水　トイレットペーパー

❶ 全体にクエン酸水をスプレーします。
❷ トイレットペーパーで拭いて仕上げます。

● しっかり掃除

クエン酸水　トイレットペーパー

❶ 全体にトイレットペーパーを巻きつけます。
❷ ❶の上から、クエン酸水をスプレーします。
❸ 30分〜2時間おきます。
❹ トイレットペーパーが乾いてきたら、途中でクエン酸水をスプレーしなおします。
❺ ❷のトイレットペーパーで、汚れをこすり落とします。
❻ 別のトイレットペーパーで拭いて仕上げます。

水栓金具の付け根

● しっかり掃除

クエン酸水　重曹

ポンポンたわし　歯ブラシ　布

❶ 水栓金具の付け根にクエン酸水をスプレーし、ポンポンたわしで汚れをこすり落とします。
❷ ポンポンたわしの届きにくい部分は、軽く水でぬらし、重曹をつけた歯ブラシを使います。
❸ 布で汚れを拭きとります。
❹ 全体にクエン酸水をスプレーし、別の布で拭いて仕上げます。

トイレ小物

トイレブラシ

● しっかり掃除

クエン酸水　トイレットペーパー

❶ ケースの中に水がたまっていることがあるので、水をトイレに捨てます。
❷ トイレブラシをケースごと水道のあるところに移動します。
❸ ケースは水受け皿を中心にクエン酸水をスプレーし、トイレットペーパーで汚れをこすり落とします。
❹ トイレブラシにもクエン酸水をたっぷりスプレーします。
❺ 水ですすぎ、よく乾かして仕上げます。

お掃除のヒント

トイレブラシの汚れがひどい時は、いらないビンにトイレブラシを入れ、ブラシがかぶるくらいまで塩酢（P.46参照）を注ぎ、2時間〜ひと晩おきます。ただし、鉄が使われているブラシはサビの原因になるので、この方法でお手入れすることはできません。

また、スポンジ状のトイレブラシは乾きが悪く、衛生的とはいえません。ブラシ状の水切れのよいものがオススメです。

エチケットボックス

〇 ちょこちょこ掃除

クエン酸水　トイレットペーパー

❶ 全体にクエン酸水をスプレーし、トイレットペーパーで汚れをこすり落とします。

お掃除のヒント

ふたをする前に、底に重曹を薄く敷いておくと、におい対策になります。

床

フローリング・Pタイルの床

〇 ちょこちょこ掃除

クエン酸水　トイレットペーパー

❶ トイレットペーパーで床全体を乾拭きします。

❷ 床にクエン酸水をスプレーし、トイレットペーパーで汚れをこすり落とします。

❸ トイレットペーパーを流します。

● しっかり掃除

クエン酸水　重曹　トイレットペーパー

❶ トイレットペーパーで床全体を乾拭きします。

❷ 床にクエン酸水をスプレーし、トイレットペーパーで汚れをこすり落とします。

❸ こびりつきなどは、クエン酸水で軽く水でぬらし、少量の重曹を振りかけたトイレットペーパーでこすり落とします。
❹ トイレットペーパーを流します。

タイルの床

○ ちょこちょこ掃除

トイレットペーパー

❶ トイレットペーパーで床全体を乾拭きします。
❷ トイレットペーパーを流します。

● しっかり掃除

重曹　水　トイレットペーパー

❶ トイレットペーパーで床全体を乾拭きします。
❷ 軽く水でぬらし、重曹を振りかけたトイレットペーパーで、汚れをこすり落とします。
❸ トイレットペーパーで乾拭きします。
❹ 水をスプレーし、床全体を拭いて仕上げます。
❺ トイレットペーパーを流します。

> 色の濃いタイルの場合、時間がたつとタイルが白くなることがあります。これは溶けのこった重曹が乾燥して、浮きあがったものですから、❹をくり返して、重曹を落とします。

Q　タイルはクエン酸ではお掃除できませんか？

A タイルそのものは、クエン酸をかけても問題はありませんが、目地のセメントは、アルカリ性の石灰が主成分なので、クエン酸で変色してしまう場合があります。劇的に溶けたりすることはないものの、毎日くり返しクエン酸をスプレーするのは劣化の原因にもなりかねません。そのため、タイルの場合は、基本的には重曹や水で掃除をします。
重曹の溶けのこりが気になる場合は、クエン酸水をスプレーして溶かす方法もありますが、その場合は手早く拭きとってください。

壁・天井

木の壁

〇 ちょこちょこ掃除

トイレットペーパー

❶ トイレットペーパーでほこりの気になる部分を乾拭きします。
❷ トイレットペーパーを流します。

● しっかり掃除

クエン酸水　トイレットペーパー

❶ 汚れにクエン酸水をスプレーし、トイレットペーパーでこすります。
❷ トイレットペーパーを流します。

> ❗ 木の種類や状態によっては、シミになることがあります。必ず事前に目立たないところで試してから、作業をしてください。

壁紙

〇 ちょこちょこ掃除

トイレットペーパー

❶ トイレットペーパーでほこりの気になる部分を乾拭きします。
❷ トイレットペーパーを流します。

● しっかり掃除

クエン酸水　トイレットペーパー

❶ 汚れにクエン酸水をスプレーし、トイレットペーパーでこすります。
❷ トイレットペーパーを流します。

タイルの壁

○ ちょこちょこ掃除

トイレットペーパー

❶ トイレットペーパーでほこりの気になる部分を乾拭きします。
❷ トイレットペーパーを流します。

● しっかり掃除

重曹　　水　　トイレットペーパー

❶ トイレットペーパーで壁全体を乾拭きします。
❷ 軽く水でぬらし、重曹を振りかけたトイレットペーパーで、汚れをこすり落とします。
❸ トイレットペーパーで乾拭きします。
❹ 水をスプレーし、壁全体を拭いて仕上げます。
❺ トイレットペーパーを流します。

天井

○ ちょこちょこ掃除

羽根バタキ　　ほうき　　ちりとり

❶ 一方向に羽根バタキを動かし、天井をなでるようにして、静かにほこりを落とします。
❷ 床に落ちたほこりを、ほうきでちりとりにとり、捨てます。

● しっかり掃除

クエン酸水　羽根バタキ　雑巾モップ

❶ 一方向に羽根バタキを動かし、天井をなでるようにして、静かにほこりを落とします。
❷ 雑巾モップに、クエン酸水をスプレーします。
❸ ❷を天井に密着させるようにして、天井の汚れをこすり落とします。

キッチン

リビング

ダイニング

個室

バスルーム

洗面所

トイレ

玄関

トイレのにおい

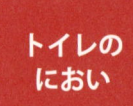

トイレのこもったにおい

○ ちょこちょこ掃除

重曹　エッセンシャルオイル　容器

❶ 重曹を浅くて口の広い容器に入れます。
❷ エッセンシャルオイルを数滴たらします。
❸ 時々、重曹をまぜます。

> **お掃除のヒント**
> 消臭効果は3カ月ほどですが、エッセンシャルオイルのにおいは薄くなっていきますから、時々オイルを追加します。掃除にも利用して、表面の重曹が少しずつ入れかわっている場合は、まぜる必要はありません。

● しっかり掃除

重曹　エッセンシャルオイル　クエン酸水

トイレブラシ

❶ 重曹にエッセンシャルオイルを数滴たらします。
❷ 便器内の水たまりにトイレブラシを入れて、何度か上下させ、輪ジミが完全に水の上に出てくるまで、水位を十分に下げます。
❸ 便器の内側に重曹を振りかけ、トイレブラシでこすります。
❹ クエン酸水200ccを電子レンジで1分ほど加熱し、全体にかけ、ひと晩おきます。
❺ 翌朝、トイレの水を流します。

おしっこくささ

○ ちょこちょこ掃除

クエン酸水　トイレットペーパー

❶ 便器の付け根、便器の外側など、尿がこびりついて、においを放っている部分を中心に、クエン酸水をスプレーし、トイレットペーパーで拭きます。

● **しっかり掃除**

クエン酸水　トイレットペーパー

❶　汚れがこびりついている部分にトイレットペーパーをおきます。
❷　トイレットペーパーにクエン酸水をスプレーし、クエン酸パックをします。
❸　30分〜1時間おいてから、トイレットペーパーで全体をこすり落とします。
❹　トイレットペーパーを流します。
❺　においがとれるまで、❶〜❹をくり返します。

トイレ使用直後のにおい

○ **ちょこちょこ掃除**

クエン酸水　エッセンシャルオイル

❶　クエン酸水をスプレー容器に入れ、エッセンシャルオイルを5〜10滴たらします。
❷　トイレ使用直後に便器に❶をスプレーします。

おむつのにおい

おむつバケツのにおい
（布おむつ）

○ **ちょこちょこ掃除**

水　クエン酸　ポンポンたわし

❶　おむつバケツに水8ℓとクエン酸大さじ1を入れて溶かし、そこに汚れた布おむつを入れていきます。
❷　おむつを洗う時に、中の水をすべて流し、おむつバケツも一緒に洗います。
❸　おむつバケツを水ですすぎ、ポンポンたわしで汚れをこすり落とします。
❹　よく乾かして仕上げます。

● **しっかり掃除**

水　クエン酸　重曹　ポンポンたわし

❶　おむつバケツに水8ℓとクエン酸大さじ1を入れて溶かし、そこに汚れ

キッチン｜リビング｜ダイニング｜個室｜バスルーム｜洗面所｜トイレ｜玄関

た布おむつを入れていきます。

❷ おむつを洗う時に、中の水をすべて流し、おむつバケツも一緒に洗います。

❸ おむつバケツを水ですすぎ、重曹をつけたポンポンたわしで、汚れをこすり落とします。

❹ よく乾かして仕上げます。

おむつバケツの におい
（紙おむつ）

○ ちょこちょこ掃除

クエン酸水

❶ おむつバケツに紙おむつを捨てるたびに、上からクエン酸水をスプレーします。

お掃除のヒント
汚れた紙おむつを捨てる前に、クエン酸ひとつまみを汚れた部分にパラパラとまいてから、おむつを丸めると、クエン酸がアンモニアのにおいを分解してくれるので、おむつバケツににおいがこもりにくくなります。においがこもってしまってから対処するのはもちろんですが、こうした予防策も大切かなと思います。

● しっかり掃除

クエン酸水　重曹　ポンポンたわし

❶ おむつバケツを空にし、クエン酸水をスプレーします。

❷ ポンポンたわしで汚れをこすり落とします。

❸ よく乾かして仕上げます。

❹ 底に重曹を少量まきます。

お掃除のヒント
底にまいた重曹は、次の掃除の際に、軽くぬらしたポンポンたわしにつけて、おむつバケツの内側の拭き掃除に使います。こびりつきなどと同時に、においもとれます。その後、しっかり掃除をすると効果的です。

玄関まわり

土ぼこりや泥汚れが中心の玄関は、
ふだんはぬらさず乾いた状態で
汚れを落とします。
床をぬらして掃除をするよりも、
乾いたままお掃除してしまうほうが、
ずっとかんたんなんです。
また気になる靴や下駄箱のにおいには、
重曹が威力を発揮します。

シューズボックス

シューズボックスの本体

○ ちょこちょこ掃除

布

❶ 中板を外します。
❷ 布で全体を乾拭きし、泥汚れなどをこすり落とします。
❸ 中板も拭いてきれいにし、もとの位置にもどします。

● しっかり掃除

重曹　布　ポンポンたわし

❶ 中板を外します。
❷ 固くしぼった布に重曹を振りかけ、汚れをこすり落とします。
❸ 汚れが残っている場合は、ポンポンたわしを使ってこすり落とします。
❹ 中板も拭いてきれいにし、もとの位置にもどします。

シューズボックスのにおい

○ ちょこちょこ掃除

重曹　エッセンシャルオイル　トレイ

❶ 重曹を浅くて口の広いトレイに入れます。
❷ エッセンシャルオイルを数滴たらします。

> **お掃除のヒント**
>
> エッセンシャルオイルは、ハッカ油かペパーミントがオススメです。はじめての時はお店で相談して買います。消臭効果は3カ月ほどですが、エッセンシャルオイルのにおいは薄くなっていきますから、時々オイルを追加します。時々、重曹をまぜたほうが、消臭効果が長もちします。掃除にも利用して、表面の重曹が少しずつ入れかわっている場合は、まぜる必要はありません。

● しっかり掃除

重曹　エッセンシャルオイル　靴下

❶ 靴は十分陰干しして、中まで乾燥させます。
❷ 靴下のくるぶしあたりまで重曹を入れます。
❸ エッセンシャルオイルを数滴たらし、重曹がこぼれないように、足首のところをひもで結びます。
❹ ❸を靴のつま先に入れて、シューズボックスに入れます。

子どもの靴下を再利用

しっかり掃除の時に使うシューキーパーは、つま先のにおいと湿気をとることが目的ですから、靴のつま先部分にスッポリおさまれば十分です。大人用の靴下を使うと、たくさんの重曹が必要なので、私は、小さくなってしまった子ども用の靴下を使ってシューキーパーをつくっています。
厚手の靴下では、重曹がにおいを吸いこみにくいような気がしますし、かといって、履きこみすぎて、つま先やかかとがガーゼのような状態になってしまった靴下では、重曹がこぼれてしまいます。ころあいを見て、履けなくなった靴下を引きあげ、うまく再利用してください。
また、靴のにおいを防ぐには、素足で靴を履かないことも大切です。

ドア

木の玄関ドア

○ ちょこちょこ掃除

布

❶ 布でていねいに乾拭きします。

お掃除のヒント
特に下のほうは汚れやすいので、布をかえながら何度か乾拭きします。

● しっかり掃除

布

❶ 布でていねいに乾拭きします。
❷ 軽く水でぬらし、固くしぼった布で、汚れをこすり落とします。
❸ 別の布で乾拭きして仕上げます。

つやを出したい時は

玄関ドアにつやを出したい時は、椿油と酢をまぜたもので磨くとよいようです。
まずは、乾いた布でていねいにドアを拭きます。椿油小さじ1～2と酢小さじ1～2（同量）を容器に入れ、スプーンなどでよくまぜたら、布に少量つけ、全体をていねいに拭きます。そのままではベトついたり、ほこりがついたりしやすいので、別の布で乾拭きして仕上げます。

サッシ・樹脂の玄関ドア

○ ちょこちょこ掃除

布

❶ 布でていねいに乾拭きします。

● しっかり掃除

石けん　クエン酸水　ポンポンたわし　布

❶ 石けんをつけて泡立てたポンポンたわしで、汚れをこすり落とします。
❷ クエン酸水をスプレーした布で、汚れを拭きとります。
❸ 軽く水でぬらし、固くしぼった布で、汚れをこすり落とします。
❹ 別の布で乾拭きして仕上げます。

一見木のドア

わが家のドアは見た目は、明るい色の木のドアのような感じです。リフォームでドアをかえる時に、工務店にすすめられたドアですが、木のドアは傷みやすかったり、手入れが大変なのではないかしらと、はじめは乗り気ではありませんでした。
工務店にそのことを伝えると、「あれは見た目は木のドアのようだけれど、実は樹脂のドアなんですよ」と教えてくれました。
そういわれて、近所を見渡してみると、「あら、きっとあそこも一見木のドア、実は樹脂ね」というドアをたくさん見かけます。
ドアは素材によってお手入れの方法が変わってきますから、樹脂か木か判断に迷ったら、大家さんや管理人さんに聞いてみたり、メーカーに素材を確認するとよいと思います。

床

石・タイル・コンクリートの床

○ ちょこちょこ掃除

重曹

デッキブラシ　ほうき　ちりとり　布

❶ 床全体に重曹をまきます。
❷ デッキブラシで、すみずみまでこすり洗いします。
❸ 重曹を、ほうきでちりとりにとり、捨てます。
❹ 敷居を布で拭いて仕上げます。

● しっかり掃除

水　重曹

バケツ　デッキブラシ　布

❶ バケツに水を用意します。
❷ 重曹を床全体にまきます。
❸ 軽く水でぬらしたデッキブラシで、すみずみまでこすり、汚れを落とします。
❹ ブラシが汚れてきたら、水で洗いながら、作業を続けます。
❺ 全体に水をかけ、洗いながします。
❻ 敷居を布で拭いて仕上げます。

石にクエン酸はダメ！

カルキを落とす時に便利なのが、クエン酸水です。酸をかけることで、カルキの成分が溶け、くすみがとれるからです。

ところが、カルキに含まれている成分の多くは、石にも含まれているので、クエン酸は石に含まれた成分も溶かしてしまうわけです。

ドイツの屋外彫刻が酸性雨で溶けているという報道が、ずいぶん前に新聞をにぎわしました。屋外彫刻の多くは大理石でできているので、大理石の成分が酸で溶けておきた現象です。

「大理石っぽいけど、たぶんタイルだわ」と思っても、万が一のことを考えて、クエン酸は避けるか、どこか目立たないところで試してみてください。釉薬(ゆうやく)のかかったタイルは問題ありませんが、素焼きのタイルや大理石以外の石も、安易にクエン酸を使わないほうが無難です。

「石には NG」と覚えてください。

| シューズボックス | ドア | 床 | 壁・天井 | 階段・門扉 |

ビニールタイルの床

◯ ちょこちょこ掃除

茶殻　ほうき　ちりとり　布

❶ 茶殻は軽くしぼって、玄関の隅におきます。
❷ 茶殻を全体に移動させるつもりで、すみずみまでほうきで掃きます。
❸ ほこりと茶殻を、ほうきでちりとりにとり、捨てます。
❹ 敷居を布で拭いて仕上げます。

重曹を使いまわそう
シューズボックスのにおいとりにエッセンシャルオイルをたらした重曹を使っている場合は、玄関掃除にその重曹を使ってしまいましょう。こうすれば、最後まで無駄なく使えて、床もよい香りです。

● しっかり掃除

重曹

デッキブラシ　ほうき　ちりとり　布

❶ 床全体に重曹をまきます。
❷ 軽く水でぬらしたデッキブラシで、すみずみまでこすり、汚れを落とします。
❸ 重曹を、ほうきでちりとりにとり、捨てます。
❹ 敷居を布で拭いて仕上げます。

お掃除のヒント
しっかり掃除のあと、固くしぼった雑巾で床を拭くと、さらにスッキリします。

Q　床を掃くのにむいているのはどんなほうきですか？

A　玄関を掃くほうきは室内用よりも固めの外用のほうが汚れがよく落ちて便利。ずっとそう思っていましたが、最近室内用のほうきがこわれてしまったのをきっかけに、室内用のシュロのほうきで玄関を掃くようになりました。わが家は細かい土埃が多いせいでしょうか、今までの固い外用ほうきより細かいほこりがきれいに掃きとれるような気がします。
玄関に入ってくる汚れの種類は、家の建っている場所や家族の状況によってさまざまです。わが家のように、細かい土埃が多い家庭もあれば、子どもの

もちこむ泥が多いご家庭もあるでしょう。ペットの毛がフワフワ……というおうちもあるかもしれません。
玄関にこびりついてしまうような泥などは、固めのほうきで掃きますが、細かい土埃やペットの毛には、室内用のほうきがむいています。
こびりつきがひどいという時は、デッキブラシでこすりとるのも効果的です。ただし、ビニールタイルの床などは、デッキブラシでキズがついてしまうこともあるので、事前に目立たないところで試してみることをお忘れなく。
もちろん、全部のほうきをそろえる必要はありませんので、おうちの玄関の汚れにあったものを1本。それだけで十分だと思います。

壁・天井

木の壁

○ ちょこちょこ掃除

羽根バタキ　ほうき　ちりとり

❶ 羽根バタキで上から下へ、壁面をなでるようにして、静かにほこりを落とします。
❷ 床に落ちたほこりを、ほうきでちりとりにとり、捨てます。

● しっかり掃除

石けん　重曹　クエン酸水

羽根バタキ　ポンポンたわし　布

❶ 羽根バタキで上から下へ、壁面をなでるようにして、静かにほこりを落とします。

❷ 石けんをつけて泡立て、重曹を振りかけたポンポンたわしで、壁をたたくようにして、汚れをこすり落とします。

❸ クエン酸水をスプレーした布で、壁をたたくようにして、汚れを拭きとります。

❹ 別の布で乾拭きして仕上げます。

壁紙

○ ちょこちょこ掃除

羽根バタキ　ほうき　ちりとり

❶ 羽根バタキを上から下へ、壁面をなでるようにして、静かにほこりを落とします。

❷ 床に落ちたほこりを、ほうきでちりとりにとり、捨てます。

> ❗ 壁や天井の種類や状況によっては、変色などをしてしまうことがあります。必ず事前に目立たないところで試してから、作業をしてください。

● しっかり掃除

石けん　重曹　クエン酸水

羽根バタキ　ポンポンたわし　布

❶ 羽根バタキを上から下へ、壁面をなでるようにして、静かにほこりを落とします。

❷ 石けんをつけて泡立て、重曹を振りかけたポンポンたわしで、壁をたたくようにして、汚れを落とします。

❸ クエン酸水をスプレーした布で、壁をたたくようにして、汚れを拭きとります。

❹ 別の布で乾拭きして仕上げます。

> ❗ 壁に水分が残っていると木や壁紙を傷めることがあるので、十分に乾拭きをしてください。

天井

○ ちょこちょこ掃除

羽根バタキ　ほうき　ちりとり

❶ 一方向に羽根バタキを動かし、天井をなでるようにして、静かにほこりを落とします。
❷ 床に落ちたほこりを、ほうきでちりとりにとり、捨てます。

● しっかり掃除

クエン酸水　羽根バタキ　布　雑巾モップ

❶ 一方向に羽根バタキを動かし、天井をなでるようにして、静かにほこりを落とします。
❷ 布をセットした雑巾モップにクエン酸水をスプレーします。
❸ ❷を天井に密着させるようにして、天井の汚れをこすり落とします。

階段・門扉

木の階段

○ ちょこちょこ掃除

茶殻　ほうき　ちりとり

❶ 茶殻は軽くしぼって、階段の一番上の隅におきます。
❷ ほうきを階段の隅から隅へと移動させながら、茶殻を下の段に落としていきます。
❸ 最後の段の床まできれいに掃きおわったら、ほこりと茶殻を、ほうきでちりとりにとり、捨てます。

● しっかり掃除

茶殻　クエン酸水

ほうき　ちりとり　雑巾モップ

|シューズボックス|
|ドア|
|床|
|壁・天井|
|階段・門扉|

❶ 茶殻は軽くしぼって、階段の一番上の隅におきます。

❷ ほうきを階段の隅から隅へと移動させながら、茶殻を下の段に落としていきます。

❸ 最後の段の床まできれいに掃きおわったら、ほこりと茶殻を、ほうきでちりとりにとり、捨てます。

❹ クエン酸水をスプレーしながら、雑巾モップで各段ともすみずみまで拭いて仕上げます。

> ❗ 水分が残っていると木を傷めることがあるので、十分に乾拭きをしてください。

ジュータンを敷いた階段

〇 ちょこちょこ掃除

掃除機

❶ 掃除機を階段の隅から隅へと移動させながら、ほこりを吸いとります。

❷ 最後の段まできれいに掃除機をかけて仕上げます。

● しっかり掃除

掃除機　スチームクリーナー　雑巾モップ

❶ 掃除機を階段の隅から隅へと移動させながら、ほこりを吸いとります。

❷ 最後の段まできれいに掃除機をかけて仕上げます。

❸ 各段にゆっくりスチームクリーナーをかけます。

❹ 雑巾モップで水滴を拭きとって仕上げます。

> **お掃除のヒント**
>
> 凹凸があってお手入れしにくいのが、階段のすべり止めですが、乾拭きしたり、クエン酸水をスプレーした布でお手入れするのがよさそうです。ひどい汚れは、軽く水でぬらした歯ブラシに重曹をつけてこすり、ほうきか掃除機でとってしまいます。

門扉

○ ちょこちょこ掃除

布

❶ 全体を布で乾拭きし、汚れをこすり落とします。

● しっかり掃除

布

❶ 全体を布で乾拭きし、汚れをこすり落とします。
❷ 固くしぼった布で、全体の汚れをこすり落とします。
❸ 布が汚れてきたら、水ですすいでしぼりなおすか、新しい布にかえて作業を続けます。

お掃除のヒント

シンプルな門扉の場合はよいのですが、凝ったデザインの門扉の場合は、ボディブラシをバケツの水につけながら水洗いするほうがかんたんです。バスブラシなどは、固くてキズの原因になることもありますから、ボディブラシのように毛足が長くて柔らかいものを選びます。
最後は自然乾燥でもよさそうですが、布でざっと水気をとるときれいに仕上がります。

おわりに

「佐光さんて理系ですか?」

ときどき、そう聞かれます。いえいえ、大学は英文科です。高校まで、理科や数学は大の苦手でした。でも、最近の私は確かにちょっと理系っぽいかも……。というのも、お掃除って、やってみると意外に理科に似ているからです。

汚れが落ちるのには理由があります。

たとえば、重曹は弱アルカリ性だから、酸性の油汚れを落とすのにパワーを発揮します。逆に、水まわりの白っぽい汚れは、カルキとよばれるアルカリが原因です。だから酸性のクエン酸できれいにすればいいのです。重曹でプラスチックの洗面器についた湯あかが落とせるのは、重曹がプラスチックよりは柔らかいけれど、湯あかよりは固いからです。重曹を使わずに、スチールのたわしだけで洗面器をこすると、湯あかも落ちるけれど、プラスチックもキズだらけ。これは、スチールがプラスチックよりも湯あかよりも固いからです。キズがつくかつかないかは、こするものとこすられるものを比べて、どっちが固いかで決まるのです。

こういう仕組みがわかってくると、たいていの汚れは落とし方の見当がつくというのは、化学も物理も大嫌いだった私にとっては、大発見でした。汚れが落ちて、家がきれいになるのは気持ちのよいものです。それも、「ちゃんと洗剤が落ちているかしら」と心配しなくてもよい、安心な素材でお掃除できれば、それに越したことはありません。

でも、それだけではなく、汚れが落ちる理由や素材と汚れを落とす道具のことも少しわかると、ますます掃除がおもしろくなるかもしれない。

そんなことを考えて、今回は、お掃除レシピのほかに、汚れが落ちる理由の説明や、素材の話などをコラムでたくさん紹介しました。

日々のお掃除のやり方は人によってさまざまでしょう。掃除する人が100人いれば、やり方も100通り。お掃除に絶対の正解はないと思います。でも、もし、今までやってきた方法でうまくいかない時は、この本を事典のようにひいてレシピを見つけ、「ナチュラル・クリーニング」してみてください。ついでにコラムもちょっと読んでいただいて、気軽にお掃除できた。やってみたら意外にラクチン！　そんなふうに感じていただければ幸いです。

末筆になりましたが、コラムでお掃除のうんちくをたくさん入れるという、おもしろくて壮大なアイディアを思いつき、「いわなきゃよかった」と笑いながら、泥沼のような作業にとり組んでくれたブロンズ新社の編集者高野直子さんに心からお礼を申し上げます。

では、みなさま　Happy Cleaning！

2007年9月　佐光紀子

アイテム別素材別索引

あ
- 網戸 ……………………………… 135
- IHコンロ ………………………… 32
- アルミの鍋 ……………………… 76〜77

い
- イス …… 125〜127・163〜165・189〜191
- 石のテーブル …………… 124・162〜163
- 石の床 …………………………… 257
- 衣類乾燥機 ……………………… 233〜234
- インターホン …………………… 111〜112

え
- エアコン ………………………… 114〜116
- 塩ビシートの床 ………………… 104〜105

お
- オイルポット …………………… 82〜84
- オーブントースター …………… 56〜60
- 押し入れ ………………………… 186〜187

か
- カーテン ………………………… 136〜138
- カーペット …………… 146〜147・170 172〜176・198
- 階段 ……………………………… 261〜262
- 鏡 ………………………………… 210・225
- ガスレンジ ……………………… 30〜33
- 壁 …… 105〜108・150〜152・176〜 178・199〜201・248〜249・259〜260
- ガラスのテーブル ……………… 123・162

が
- ガラスの机 ……………………… 189
- ガラスの鍋 ……………………… 77
- 皮革のソファ …………………… 129〜130
- 換気扇 …………………………… 36〜38

き
- キッチンカウンター …………… 41〜42
- キッチン小物 …………………… 87〜93
- 木のイス …… 125・163〜164・189〜190
- 木の壁 … 105〜106・150〜151・176〜 177・199・248・259〜260
- 木の机 …………………………… 188
- 木のテーブル …………………… 122・160

く
- クロゼット ……………………… 184〜186

こ
- 合成皮革のソファ ……………… 129
- コーヒーメーカー ……………… 61〜63
- コルクの床 … 103〜104・146・169・197
- コンクリートの床 ……………… 257

さ
- 魚焼きグリル …………………… 33〜36

し
- シェード ………………………… 140〜143
- シャワー ………………………… 206〜207
- シューズボックス ……………… 254〜255
- 樹脂の壁 ………………………… 219

樹脂の床	216〜217
除湿器	117〜118
食器	93〜96
食器洗い機	66〜69
シンク	40
収納	131〜133・167〜168 182〜184・208〜209

す

水栓金具	39〜40・207〜208 224〜225・244〜245
スイッチ	143〜144
炊飯器	51〜54
ステンレスの鍋	69〜70

せ

洗濯機	229〜232
洗面台	224
洗面所の小物	227〜228

そ

| ソファ | 128〜130 |

た

タイルの壁	107〜108・249
タイルの床	213〜216・247
畳	198〜199

ち

| 中華鍋 | 72〜73 |

つ

| 机 | 188〜189 |

て

テーブル	122〜124・160〜163
鉄の鍋	70〜71
テレビ	118〜120
天井	108・153・178・201 219〜220・249・261
電気ポット	55〜56
電子レンジ	48〜50
電話機	110〜111
電球	144
DVDプレーヤー	121〜122

と

ドア	194〜196・220〜222・255〜256
トイレ	236〜242
トイレタンク	243
トイレ小物	245〜246
銅の鍋	74〜76
土鍋	78〜79
ドラム式洗濯機	232〜233

な

| 鍋 | 69〜82 |
| 生ゴミのカゴ | 97〜101 |

に

| におい | 154〜155・250〜252 |

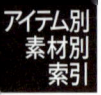

アイテム別素材別索引

ぬ
- 布のソファ……………………128
- 塗り壁………………200〜201

は
- 排水口………41・217・226〜227
- バス小物………………211〜212
- バスタブ………………204〜205
- バスタブのふた…………204〜205
- パソコン………………191〜194

ひ
- ビデオデッキ……………120〜121
- ビニールタイルの床……104〜105・148 170〜171・258
- ビニールのイス…………126〜127・165 190〜191

ふ
- ファンヒーター…………112〜113
- フードプロセッサー………63〜66
- ふすま……………………195
- ブラインド………………138〜140
- プラスチックのイス………126・164・190
- プラスチックの机…………188
- プラスチックのテーブル……123・161
- フローリングの床……102〜103・145〜146・168〜169・196〜197・246〜247

へ
- ベッド…………………180〜181

- ベビーチェア……………165〜166

ほ
- 包丁……………………………86
- ホーローの鍋……………………70

ま
- マットレス………………………181
- 窓………………………133〜134
- まな板……………………………85

ゆ
- 床………102〜105・145〜150 168〜176・196〜199・213〜217 246〜247・257〜259

も
- 門扉……………………………263

り
- リモコン………………………119

れ
- 冷蔵庫……………………42〜47

参考文献

『マンガ生活塾 家電製品のお手入れ編』(株)東芝 家電ご相談センター
『マンガ生活塾 省エネ・節電編』(株)東芝 家電ご相談センター
『カビと健康の常識・非常識』井上真由美／日本実業出版社
『オリーブ石けん、マルセイユ石けんを作る』前田京子／飛鳥新社
『重曹活用ハンドブック』角川SSコミュニケーションズ
『メディカルハーブの辞典』林真一郎／東京堂出版
『メディカルハーブ』林真一郎／主婦の友社
『暮らしの道具学』南和子／筑摩書房
『観葉植物事典』土井豊監修／池田書店
『クロワッサン Vol.571』マガジンハウス
『CONFORT 日本家事録』建築資料研究者
『Naturally Clean』Jeffery Hollender New Society Publishers
『How To Grow Fresh Air — 50 Houseplants that Purify Your Home or Office』B.C. Wolverton Penguin
『The Green Kitchen Hndbook』Annie Berthold-Bond／HarperPerennial
『Clean House, Clean Planet』Karen Logan／Pocket
『Better Basics for the Home: Simple Solutions for Less Toxic Living』Annie Berthold-Bond／Three Rivers Press
『Clean and Green: The Complete Guide to Non-Toxic and Environmentally Safe Housekeeping』Annie Berthold-Bond／Ceres Press
『Fresh Air FOR LIFE』Allan C. Somersall, PhD,MD／The Natural Wellness Group
『Solvagnen Visioner Till Din Miljoundervisning』Volfgang Brunner／Liber Utbilding
『Solvagnen - Verktyg Till Din Din Miljoundervisning』Volfgang Brunner／Liber AB

ウェブサイト
ためしてガッテン　　http://www3.nhk.or.jp/gatten/
ナショナルホームページ　　http://national.jp/index2.html
ケルヒャー ジャパン　　http://www.karcher.co.jp/
エレクトロラックスジャパン　　http://www.electrolux.co.jp/
日立の家電品　　http://kadenfan.hitachi.co.jp/index.html
通販のディノス　　http://www.dinos.co.jp/
「癒しの部屋」を考えるホームページ　　http://reimari.jp/~hrm/
くらしと生協のココロ　　http://www.catalog.coop/
木屋　　http://www.kiya-hamono.co.jp/
和歌山社会経済研究所　　http://www.wsk.or.jp/work/d/yamashita/01.html
タイガー魔法瓶ウェブサイト　　http://www.tiger.jp/
高木ガーデンへようこそ　　http://www.ccn.aitai.ne.jp/~takagi-g/
Wolverton Environmental Services, Inc.　　http://www.wolvertonenvironmental.com/
NASA Technical Report Server　　http://ntrs.nasa.gov/
All About　　http://allabout.co.jp/

佐光紀子
Noriko Sakoh

翻訳家・ナチュラルライフ研究家
繊維メーカー、証券会社で企業翻訳や企業動向調査に携わった後、フリーの翻訳者に。『天使は清しき家に舞い降りる』(集英社)の翻訳を機にナチュラルな素材を使ったシンプル家事にめざめ、独自に試行錯誤。日本の生活にあった安全で誰にでもかんたんにできる掃除を提唱した『ナチュラル・クリーニング』(ブロンズ新社)を上梓。同書は韓国や台湾でも翻訳出版されている。
家族は夫と子ども3人に犬1匹。自分も家族も心地よい毎日を過ごしたいという思いから「もっとラクチンに暮らす工夫」を日々模索中。最近は、夏涼しく冬暖かいエコリフォームを敢行し、『からだにやさしくナチュラルリフォーム』(柏書房)にまとめた。
著書に『やめたら、お家スッキリ!』(大和出版)、『ナチュラル・ランドリー』、『ナチュラルに暮らす70の方法』、『赤ちゃんと暮らすナチュラル・クリーニング』(以上、ブロンズ新社)、『気分のいい家事の仕方』(光文社)、翻訳書に『重曹で暮らすナチュラル・ライフ』(ピーター・キウロ著)、『酢で暮らすナチュラル・ライフ』(メロディー・ムーア著)、『塩で暮らすナチュラル・ライフ』(パティ・ムースブラガー著　以上、ブロンズ新社)、『僕たちは、自由だ!』(クレイグ・キールバーガー著　本の泉社)などがある。
http://www.katoko.com

汚れおとし大事典
All about Natural Cleaning

2007年10月25日　初版第1刷発行
2016年12月10日　　　第9刷発行

著　者　佐光紀子

装　丁　坂川事務所
本文デザイン　横田洋子
イラスト　宇田川一美

発行者　若月眞知子
編集者　高野直子
発行所　ブロンズ新社
　　　　東京都渋谷区神宮前6-31-15-3B
　　　　TEL.03-3498-3272
　　　　http://www.bronze.co.jp/

印　刷　吉原印刷
製　本　大村製本

Ⓒ 2007 Noriko Sakoh
ISBN978-4-89309-424-7 C0077

ブロンズ新社の
ナチュラル・ライフシリーズ

ナチュラル・クリーニング
佐光紀子／著

ナチュラル・ランドリー
佐光紀子／著

ナチュラルに暮らす70の方法
佐光紀子／著

赤ちゃんと暮らすナチュラル・クリーニング
佐光紀子／著

シミぬき大事典
デボラ・マーティン／著　佐光紀子／訳

重曹で暮らすナチュラル・ライフ
ピーター・キウロ／著　佐光紀子／訳

酢で暮らすナチュラル・ライフ
メロディー・ムーア／著　佐光紀子／訳

塩で暮らすナチュラル・ライフ
パティ・ムースブラガー／著　佐光紀子／訳

キッチンでつくる自然化粧品
小幡有樹子／著

キッチンでつくる自然化粧品　和のレシピ
小幡有樹子／著

キッチンでつくる自然化粧品　エステ&スパ
小幡有樹子／著

ファミリーのデイリーケア
小幡有樹子／著

じぶんでつくるクスリ箱
南恵子／レシピ提供・監修

きれいになること
廣瀬裕子／著

Aloha を見つけに
廣瀬裕子／著